Encontro com a vida

Robson Pinheiro pelo espírito Ângelo Inácio

Encontro com a vida

casadosespíritos

2ª edição revista | março de 2006 | 5.000 exemplares
3ª reimpressão | dezembro de 2006 | 3.000 exemplares
4ª reimpressão | fevereiro de 2008 | 3.000 exemplares
5ª reimpressão | dezembro de 2009 | 2.000 exemplares
1ª edição | setembro de 2001 | 10.000 exemplares

Este livro recebeu o título O transe *em sua 1ª edição. O presente texto é idêntico, salvo correções oriundas de nova revisão.*

Casa dos Espíritos Editora
Rua Floriano Peixoto, 438 | Novo Progresso
Contagem | MG | 32140-580 | Brasil
Fone: +55 [31] 3304-8300 | Fax: +55 [31] 3304-8320
editora@casadosespiritos.com.br | www.casadosespiritos.com.br

Editor	Leonardo Möller
Design gráfico (capa)	Andrei Polessi
Design gráfico (miolo)	Mario Almendros
Fotografia	Fábio Cançado
Fotografia do autor	Douglas Moreira
Modelo fotográfico (ensaio)	Ana Paula Cançado
Revisão	Laura Martins
Impressão e acabamento	EGB Editora e Gráfica Bernardi

Dados internacionais de catalogação na publicação (CIP)
[Câmara Brasileira do Livro | São Paulo | SP | Brasil]

Inácio, Ângelo [Espírito].
Encontro com a vida / pelo espírito Ângelo Inácio;
[psicografado por] Robson Pinheiro. — 2. ed; rev. — Contagem, MG:
Casa dos Espíritos, 2006.

ISBN 978-85-87781-20-8

1. Espiritismo 2. Psicografia 3. Romance espírita I. Pinheiro, Robson II. Título.
06-1397 CDD: 133.9

ÍNDICES PARA CATÁLOGO SISTEMÁTICO:
1. Romance espírita : Espiritismo 133.9

Ele estava o tempo todo
escondido bem dentro de mim.

Sumário

O encontro

por Robson Pinheiro

APRESENTAÇÃO

"O sangue de Jesus tem poder!"

Sinto-me confortável em publicar um livro que traga em sua temática a realidade das igrejas evangélicas.

Lembro com clareza meus dias de protestante, em Governador Valadares, região leste de Minas Gerais. Era jovem, sonhava com meu primeiro traje, viame pastor da igreja à qual me dedicava de corpo e alma.

O projeto dos espíritos, contudo, era outro. O "demônio" manifestava-se à minha vidência desde a infância, e eu convivia com a mediunidade sem saber ao certo o que se passava.

Numa dessas tardes, na igreja, seria avaliado por um colegiado, que aprovaria minha solicitação de ingressar na escola de formação de pastores, no estado do Espírito Santo. Mas o Divino Espírito Santo não estava comigo, pensava eu; e os demônios a me atormentar...

— Em nome de Jesus, você não fala! — eu, para o espírito que me acompanhava, após todos os esforços do pastor e do coral em expulsar o "diabo".

— Em nome de Jesus, eu já estou falando — insistia o espírito. — Vire para trás.

Quando ouço a instrução — daquele que, vim a saber mais tarde, era o mentor Alex Zarthú, o Indiano —, fico chocado com o que presencio. Pela primeira vez, vejo o espírito falando através de minha mediunidade, e eu, impotente. Tomado de estranheza, não me recordo do que se passou durante o transe, mas lembro-me perfeitamente da minha imediata expulsão daquela comunidade e da proposta espírita apresentada por esses mesmos "demônios".

Após longos anos de trabalho — esse episódio ocorreu em 1979 —, o espírito Ângelo Inácio, que já escreveu *Tambores de Angola*, entre outros, traz o romance *Encontro com a vida*, anteriormente editado com o título *O transe*.

Ângelo é, no mundo extrafísico, um dos coordenadores do jornal *Spiritus* (edição Casa dos Espíritos, fundado em 1997). Nele apresentamos com constância textos psicografados por Ângelo, que se auto-intitula repórter do Além. Dono de um estilo eloqüente e vivaz, é fã de temas polêmicos e palpitantes — como todo bom jornalista. Em *Tambores de Angola*, preconceito, umbanda e espiritismo são o assunto em pauta. Agora, numa narrativa ainda mais ousada e moderna — que deixa transparecer seu viés literário —, drogas, juventude e prostituição marcam a vida da protagonista, Joana Gomides. Juntamente com Altina, sua mãe, mulher evangélica e cheia de fé, Joana vive nas páginas a seguir uma história de amor-ação, de superação de barreiras e limites em busca de uma vida mais plena. Mesmo tendo chegado ao fundo do poço, não lhe faltaram amparo nem a mão amiga.

Há momentos em que Ângelo narra a história. Em outros, ele empresta a voz narrativa à protagonista, Joana Gomides, a fim de transmitir a intensidade do enredo com mais propriedade. Essa transição nem sempre está objetivamente demarcada, como no prólogo e no epílogo, porém fica patente à leitura mais atenta. É que, ao sair do convencional, Ângelo preferiu contar com um leitor mais participativo, disposto a perceber sutilezas às quais nem todos estão habituados.

Encontro com a vida marcou minha vida profundamente, assim como a dos companheiros de trabalho da Casa dos Espíritos Editora e da Sociedade Espírita Everilda Batista, casa espírita à qual nos vinculamos. Eles conheceram a obra ainda no prelo, antes mesmo de nascer completamente. As chamadas "bonecas", rascunhos do livro, são como a ultrassonografia — nós nos esforçando por ver a vida, o feto por detrás da imagem difusa. Quero partilhar *Encontro com a vida* com vocês, no momento de dar à luz. Cuidei do pré-natal, em parceria com a equipe Casa dos Espíritos, para que mais este filho possa estar hoje repousando sobre suas mãos, aguardando por você.

Encontro com a vida

por Ângelo Inácio

PREFÁCIO

Eis-me aqui novamente. Depois da repercussão e da percussão dos tambores de Angola[1], retorno ao convívio de vocês.

Sinto-me mais leve agora. É que o instrumento mediúnico parece-me mais afinado depois de tantos barulhos, depois do ritmo e da cadência de sons dos tambores.

Creio que jamais me esquecerão entre os ortodoxos e os preconceituosos. É que os tambores de Angola incomodaram as pretensões descabidas de muitos donos da verdade.

Retorno agora bem no início de um novo século, inaugurando uma literatura que fale de espiritismo, de espíritos, mas também de outros filhos de Deus que não são exatamente os espíritas.

O centro das atenções agora se transfere para as igrejas, para aqueles que se julgam salvos.

Encontro com a vida é a reportagem sobre uma vida, várias vidas. Um relato que mostra o transe ao qual nos entregamos quando nos distanciamos de Deus ou quando adormecemos a nossa consciência.

Retorno à ativa para falar de fé, de perseverança. Aliás, não sou tão ortodoxo quanto a maioria dos autores desencarnados ou encarnados que disputam um lugar no ibope espiritualista. Há muito que aprendi a não me envolver nessas disputas por um lugar especial nas prateleiras empoeiradas das bibliotecas de centros ou fraternidades. Não faço pregação.

Prefiro fazer literatura, o que naturalmente não agrada àqueles que são apegados aos discursos doutrinários.

Por isso, *Encontro com a vida* não é um livro doutrinário. É um relato de vida, de experiências e de valores.

Espero, meu amigo, que você possa apreciar esse tipo de literatura. Talvez, nas entrelinhas, possa verificar quanto Deus age, quanto Deus fala, quanto Deus caminha nas próprias pegadas humanas.

Ou, mais ainda, não descobrirá — quem sabe? — que todos trazemos um átomo divino pulsando em nossos corações.

---

[1] O primeiro livro escrito pelo autor espiritual é *Tambores de Angola*, romance mediúnico que fala das origens da umbanda e do espiritismo. Casa dos Espíritos Editora, 1998; 2ª edição revista e ampliada em 2006. [Nota do editor.]

Não trabalhei com o óbvio. É preciso sensibilidade e muita procura para transcender as aparências e encontrar-se com a vida de Joana Gomides, entrando em conexão com o espírito que se esconde atrás das letras.

O livro da vida

por Alex Zarthú, o Indiano

O tempo escoa veloz sobre os acontecimentos das vidas humanas. Um minuto na eternidade, e foi-se toda uma existência física. Para os humanos o período que se mede entre o berço e o túmulo é enriquecido com o passar silencioso dos segundos e a impressão da sucessão interminável dos eventos. Assim se passa a história da humanidade, e é dessa mesma forma que ocorrem as experiências individuais.

A vida humana é um livro de história em que cada página é escrita com as emoções da dor, do sofrimento, da alegria e do prazer. Cada novo dia e todas as experiências vividas marcam indelevelmente as páginas de um novo capítulo nos dramas de todos nós. Mudam-se as páginas, os dramas existenciais transformam-se ao sabor da vontade humana. Novos capítulos são escritos diariamente mediante acertos e desacertos que o homem imprime nas páginas vivas que o tempo lhe proporciona escrever.

As ondas de luz, da luz imperecível, incumbem-se de tornar eternas as diversas histórias criadas, plasmadas e vividas pela humanidade. Registra-se cada letra, cada símbolo do alfabeto vivo de nossas existências. Nada se perde: nem um único detalhe, nem um único pensamento. Às vezes os próprios seres que pisam o solo do planeta e interagem com o mundo onde vivem acabam se esquecendo dos detalhes que, somados, formam suas histórias. Mas a luz, a luz imaterial, astral, eterna e imutável, registra os fatos. Absolutamente nada se passa sem que impressione eternamente os registros sensíveis do mundo oculto. Tudo é luz. O homem é luz que se manifesta no mundo de forma consciente; e a consciência é a própria luz acrescida de sensibilidade, de inteligência emotiva, de emoção inteligente ou de luminosidade mental-emotiva. Todo ser é luz. Por isso, a história de uma vida sempre é possível de ser revivida, reavaliada e reprogramada.

Ocorre que cada um traz em si mesmo o registro de suas experiências transatas.

O tempo passa, abre-se o livro da vida, e as ondas de luz jorram de suas páginas à semelhança de uma cascata viva, que nos obriga a nos enfrentar, a realizar uma avaliação sincera de nossa conduta, de nossos valores. Somos luz; somos luzes que orbitam em torno da luz maior, eterna, imperecível, imortal.

Nestas páginas, Ângelo Inácio apresenta-nos de forma brilhante a história de uma vida, ao levantar o véu da ilusão e mostrar-nos a sensibilidade de uma estrela. A história é verdadeira, porém pode ser a história de qualquer um de nós. É a história de uma estrela cadente que deixou seu trono de luzes e nublou-se por um momento em contato com o pântano, para, logo após, voltar ao constelatório e descobrir-se pura luz, diamantífera, imperecível, filha de Deus.

Peregrina do tempo

por Joana Gomides

Fui pedra, fui areia, talvez até fui uma pedra bruta que tentava ser gente.

PRÓLOGO

Eis que o meu espírito ouviu uma voz. Não sei por quanto tempo durou a impressão. Não sei mesmo se foi um som ou uma projeção dessa luz que tudo devassa, esquadrinha, aprofunda. Não sei dizer ao certo. Não guardo a impressão do tempo. Ouvi, eis apenas o que posso dizer.

Alguma coisa despertou dentro de mim, e vi-me na condição de uma criança que se deixa surpreender numa de suas brincadeiras ou estripulias. Assim foi como o meu espírito despertou com uma voz que simplesmente me acordava, me trazia à vida, às minhas lembranças. Alguma força irresistível me arrastava dos meus sonhos ou pesadelos para encarar a realidade. Não tenho palavras para descrever a imensidão daquela força moral que eu sentia me esmagar, me arrastar, talvez até me coagir a viver, reviver e tornar públicos os relatos de minha vida; despir-me de minha privacidade quanto às desgraças que um dia causei a mim e, com certeza, também a outros.

Senti-me viva novamente; desperta de um sono a que me entregara por vontade própria, numa fuga desenfreada que eu pensava ser a fuga da própria vida. Eu tinha vergonha da vida. E aquela voz suave, porém firme, arrancava-me dos meus loucos pesadelos e trazia-me de volta à realidade.

— Joana! Joana! — falava-me a voz nas profundezas de mim mesma. — Acorda, Joana; vem novamente reviver suas lutas, suas emoções. É preciso enfrentar-se, é preciso coragem para viver.

De onde vinha aquela voz? De quem era aquela força irresistível que me arrastava através dos porões do tempo e fazia-me rever cada passo de minha vida, que eu teimava em sepultar nas trevas de minha memória? Não havia trevas, apenas luz. Uma luz que teimava em arder e clarear por dentro de mim mesma. E aquela voz da qual eu não podia fugir. Eu não tinha como me esconder, tamanha a força moral de que ela se revestia. Não adiantava lutar. Era uma força inconcebível, que eu jamais pensara existir. Talvez, essa era a força do amor, que só agora eu estava preparada para enfrentar. Era a força moral de quem ama.

— Eu evoco o espírito de Joana Gomides, para que retorne das profundezas do tempo e restaure as experiências que tentou sepultar dentro de si mesma. Eu sou a força que a arrasta das trevas do sepulcro e lhe traz a luz da consciência.

"Eu evoco o espírito de Joana Gomides, a ovelha desgarrada, a filha pródiga, o espírito imortal.

"Ressurja, Joana, e venha novamente à luz trazer ao mundo uma parcela de sua vida, um capítulo de sua história. Sou eu, a luz que dilui as trevas da inconsciência e torno minhas as suas experiências, pois que eu as vivo juntamente com você. Eu sou a força viva que a sustenta para que você enfrente a própria história e reviva cada ato do drama de sua vida. Eu sou aquele de quem você não pode se esconder. Sua mente é minha mente; seus pensamentos são meus pensamentos. Eu albergo seu espírito na irradiação de minha alma e o conduzo para a verdadeira ressurreição da vida..."

Eu ouvia tudo como alguém que era arrancado das sombras da inconsciência, ou dos tormentos de um pesadelo. Eu era obrigada a ouvir e ceder. Eu me deixava embriagar naquela luz; afinal, eu era também uma luz.

— Volte, Joana, retorne a si mesma. Eu a evoco como se evoca a maior força do universo, a força do amor. Eu a evoco, mas evoco também as suas experiências, a sua memória, o rastro de eternidade que se deixou nublar na poeira do tempo. Eu a tomo pelas mãos e a trago em meus braços para a luz da consciência...

Eu acordei, despertei de um sono que não se mede pela duração, mas pela profundidade. Em minha volta, apenas luzes. Uma, duas, três, muitas, mas muitas luzes. Não conseguia ver direito diante de tanta força que irradiava daqueles focos de luz. Era uma constelação. E eu me diluía em pranto, deixava-me inebriar nas ondas de amor, às quais não podia resistir. Senti vergonha, a princípio. Mas, depois, até mesmo a vergonha se diluiu, como eu diluía a minha alma.

O tempo parecia não existir para mim. O tempo era apenas um átomo que se perdia no vasto campo da eternidade. Minha mente era plenamente aceita e despertada pelas outras mentes que me recebiam, que me chamavam. Eu já não me sentia culpada, e o remorso pelo que fui, pelo que fiz, se transformava em um sentimento que mesmo agora eu não saberia definir. Sei apenas que eu pairava, opaca, fraca e bruxuleante, mas eu também era uma luz, uma chama entre os sóis. Eu era uma filha de Deus.

As imagens de minha vida foram se passando diante de mim. Sozinha não teria como descrevê-las. Não poderia, tamanha a emoção que dominava o meu ser. Por isso sou ajudada, sou envolvida, sou impulsionada por uma força externa, ou será interna?

Só sei que algo me induz a rever o passado, e a minha memória parece deslocar-se no tempo. Sinto-me diluir entre os mundos e minha alma vagar entre as estrelas; sinto que cada mundo é uma lembrança, que cada estrela é uma vida, que cada constelação representa a experiência que vivi num mundo chamado Terra.

Fui poeira entre os caminhos. Vivi a pedra, vivi a vida.

Sonhei, aquecida no interior da Terra. Mineral entre os minerais. Minha força interna, bruta e rudimentar, movimentou os átomos e atraiu os cristais. Eu vivia. Eu vibrava, mas não sabia.

Fui algo indefinível, talvez apenas uma célula, um átomo de vida, e me vi entre os vegetais. Uma planta, uma folha, talvez de trepadeira. Ou, quem sabe, eu tenha vibrado à sombra de um penhasco, de uma ribanceira, como uma grama, uma plantinha que se arrastou durante a sua vida inteira, sonhando, sem saber, em um dia se transformar numa linda estrela tremeluzindo na amplidão. Apenas talvez...

Fui fera entre os animais. Perdi-me entre as pradarias, nos campos, nas montanhas, nas florestas. Senti a vida vibrar, o sangue ferver, os olhos saltarem diante das experiências de ser, mesmo sem saber. Eu era a força indomável dos animais. Eu me transformei em mil formas e mil vidas, mas também voei. Sim! Isso mesmo, eu voei nas asas do beija-flor, nas asas da gaivota e aprendi a cantar, a bailar, aprendi a viver na forma de uma mulher.

Eu precisava de colo, de aconchego e de carinho; por isso eu me deixei atrair para um recanto de amor e aos poucos eu me vi aquecida num corpo bem quentinho, que também oferecia algo que antes eu não conhecia. Eu fui aquecida na presença do amor.

Mas também conheci a dor, o pranto, o sofrer. Vivi assim, mil dramas, mil formas, mil vidas. Enfim, eu sou a soma de mim mesma, sou uma luz pequenina. Se a algo posso me comparar, sou simplesmente um sapo que sonha, em seu pântano particular, com o brilho das estrelas.

Eu revia a minha vida, conhecia cada detalhe de minhas experiências. A força irresistível que me trazia da escuridão de mim mesma é a mesma que me fazia rever, relembrar, contar novamente e chorar de saudades. Vi a Galiléia, ouvi os salmos de Davi, cantei entre os bárbaros, sonhei entre os párias. Eu fui a semente de mim mesma. Semeei e fui semente.

Revia a minha vida, e o que vi me assustou. Vi inúmeras realidades, reavaliei imensas possibilidades de caminhos diferentes e ousei sonhar também. Ah! Como sonhei.

Sonhei ser uma sacerdotisa do sol, num tempo recuado e esquecido em que o mundo tinha uma outra face e as estrelas não eram as mesmas de agora. Vivi entre os filhos de Atlântida. E antes disso eu vivi; e depois de tudo eu vivi; e mais ainda eu viverei.

Vi os exércitos dos selêucidas, vi as armas do infame Sigismundo; fui selvagem nas Américas e agora sou eu, Joana, que retorno para reviver, para relatar, para descrever a história de minha vida arrolada nas páginas do tempo. Sou uma luz entre as luzes, sou uma filha de Deus, peregrina da eternidade. Sou eu, Joana Gomides.

Ah! Como eu morro, aliás, como eu vivo e sobrevivo de saudades; de saudades de mim mesma, de quem fui, de quem serei. Talvez, saudades das estrelas...

Novas observações

A vida me ensinou a ser mais sensível.

7

As lições que aprendemos na vida são bênçãos do Alto para o nosso crescimento espiritual. Desde que comecei a pesquisar a respeito da religiosidade do homem, deste lado da vida, cresci muito. Sempre deparo com situações ou pessoas que têm muito a me oferecer em conhecimento. Quando fiz meus apontamentos a respeito da umbanda, aprendi lições de humildade e fraternidade que até hoje repercutem em minha alma de maneira intensa. A simplicidade e a sabedoria dos trabalhadores da umbanda me comovem ainda hoje. Agora, no entanto, fui convidado a observar outros campos de atividades.

Numa reunião na Casa da Verdade, conheci o instrutor Ernesto. Os estudos se realizavam em torno da espiritualidade do povo brasileiro e suas expressões de religiosidade. A Casa da Verdade era uma universidade, onde estudávamos todo o conhecimento religioso que até então o Alto enviara à Terra. Estudávamos desde as primeiras manifestações do conhecimento, nos primórdios da humanidade, até as dos dias atuais, quando as luzes do Consolador iluminavam as vidas humanas na revelação eterna do espiritismo.

Ernesto convidou-me a fazer algumas anotações a fim de, mais tarde, poder ser útil a alguém. Afinal, através das observações anteriores, algumas pessoas foram esclarecidas. Não poderia perder tamanha oportunidade de trabalho e aprendizado.

Assim, eu ouvia as observações do instrutor espiritual, para aquela assembléia de espíritos:

— Meus amigos — falava Ernesto — muitos de nossos irmãos na Terra, quando encarnados, não têm a mínima noção da vida espiritual. Ignoram completamente a realidade do espírito e permanecem presos a velhas concepções terrenas. Limitam-se, muitas vezes, a lições elementares de religião nos moldes ortodoxos, fechando as portas da compreensão para outras expressões da verdade.

"Assim, encontramos companheiros que estagiam nas chamadas religiões cristãs engalfinhando-se, tentando provar que a sua visão da vida é a mais correta. Outros, que se dizem apologistas da fé cristã, se arvoram em carrascos da fé alheia, julgando que possuem um lugar especial no paraíso, em detrimento dos outros que não pensam como eles. Nos meios considerados mais espiritualizados presenciamos a lamentável ignorância a respeito da essência dos ensinamentos dos mestres e mentores da espiritualidade. Muitos dos que se dizem espiritualizados ainda teimam em manter as acanhadas posturas que geraram o pensamento religioso ortodoxo, criando seitas de seguidores fanáticos ou extremistas. Ainda impera a intolerância em toda parte.

"Somos convidados a contribuir para a nova etapa de conhecimento a que está destinada a humanidade, com a implantação de uma mentalidade mais eclética, universal ou holística. A religião do futuro é a do amor. E só podemos entender o amor através das expressões de fraternidade.

"Com o conhecimento espiritual, é impossível permanecermos ligados ao atavismo milenar das religiões humanas. É preciso renovar a face do planeta com o conhecimento integral. Necessitamos de espíritos para servir, cuja mentalidade esteja acima dos limites estreitos e separatistas das religiões criadas pelo homem. A urgência da hora que se avizinha exige de cada um de nós uma postura diferente daquela a que nos acostumamos ao longo dos séculos.

"A própria mensagem do Consolador nos traz uma proposta diferente, embora alguns de seus representantes ou seguidores encarnados ainda permaneçam atados a antigos dogmas, disfarçados de roupagens novas. É hora de renovar. E para renovar é necessário conhecer. Para conhecer é preciso pesquisar, dedicar seu precioso tempo aos labores do conhecimento, iluminados pela luz do sentimento e do bom senso.

"A Terra corre o risco de se ver levada pelo fanatismo religioso, base de muitos abusos e crimes perpetrados no passado como no presente. Nossos estudos visam ao esclarecimento das consciências para o despertamento da necessidade do autoconhecimento."

Ernesto falava-nos na assembléia, enquanto acima e em volta da multidão de espíritos eram mostradas imagens que ilustravam sua exposição. Às vezes mantínhamos os olhos fechados, mas percebíamos as irradiações mentais do nosso instrutor, que se faziam perceptíveis através da ideoplastia. Os fluidos refletiam perfeitamente os pensamentos do iluminado mentor.

— As imagens que vocês vêem não são meras criações de nossa mente para ilustração do tema de hoje. São reflexos de cada um de vocês, do sentimento religioso que cada um experimentou ao longo dos séculos e dos anseios de espiritualização de cada um — falou Ernesto.

Sua palavra esclarecedora continuou por algum tempo a nos iluminar interiormente, despertando em nós um sentimento como eu não experimentava há muito tempo e, é claro, a minha natural curiosidade a respeito do assunto.

Terminada a exposição do instrutor, procurei-o para alguns esclarecimentos a respeito do tema e fui amorosamente recebido. Após algumas respostas às minhas dúvidas, aventurei-me a perguntar:

— Não seria interessante alguma excursão à Crosta para observações e aprendizado?

— Certamente, meu amigo, e asseguro-lhe que em breve estarei, eu mesmo, participando de uma caravana em direção à Terra. Quem sabe você não gostaria de participar? — falou o instrutor. — Teremos a oportunidade de estudar alguns casos que nos requerem imediato concurso, num dos segmentos religiosos dos nossos irmãos encarnados.

— Com certeza será de imenso valor, para mim, a participação em tarefa semelhante — falei.

— Fiquei sabendo de suas últimas observações junto aos companheiros umbandistas. Fiquei feliz, Ângelo, pois seus apontamentos se mostraram valiosos para muitos companheiros. Espero que a sua participação em nossa caravana seja também proveitosa. Acredito que terá inúmeras oportunidades e poderá, no futuro, transmitir algo para nossos irmãos na Crosta. Portanto — acrescentou — seja bem-vindo à nossa turma.

Para um espírito acostumado a pesquisas e ao estudo, essa era uma oportunidade imperdível. Minha curiosidade era imensa, e meu espírito de jornalista despertava. Eram mil e uma idéias a serem estruturadas. Não tinha mais tempo a perder.

A caravana

Eu o procurava. Mas não o encontrando a minha volta, mais e mais eu errava, por ruas, caminhos e atalhos.

Nossos preparativos terminaram. Exercícios de mentalização e alguns estudos em relação à tarefa que teríamos pela frente eram, na verdade, o que precisávamos. Uma preparação íntima. Não poderíamos de forma alguma deixar que nossos posicionamentos interferissem no trabalho. Eu, particularmente, era apenas um estudante, e não seria permitido que minhas observações, se fossem impróprias, interferissem. Deveria estar preparado intimamente.

Era intensa a movimentação de nosso lado. Muitos espíritos queriam participar da caravana, mas outras atividades que desempenhavam os impediam no momento. Entre as cintilações das estrelas, partimos para o plano dos encarnados, vencendo, aos poucos, os limites vibratórios.

Muitos companheiros julgam que, pelo fato de sermos espíritos, é fácil ir e vir entre os dois planos da vida. Enganam-se. Enfrentamos dificuldades que eles estão longe de imaginar. As criações mentais dos encarnados e dos desencarnados que ainda se encontram intimamente apegados às questões grosseiras interferem de tal maneira em nossas atividades que muitas vezes temos que realizar esforços imensos para anular os resultados de seus pensamentos, antes de realizarmos alguma ação espiritual. Muitos esperam que seus mortos venham ao seu encontro imediatamente após o desenlace físico, ignorando as dificuldades enfrentadas por eles. Não se preparam mentalmente, e, às vezes, suas criações mentais, seus sentimentos e emoções descontroladas causam barreiras difíceis de serem vencidas, pois, em nosso plano de vida, a mente é a base de toda criação, e o sentimento dá vida e movimento às formas fluídicas que porventura venham a ser criadas.

A mente invigilante imprime nos fluidos uma espécie de aura pesada, com intensificação de determinada carga tóxica, causando dificuldades para os desencarnados em suas atividades. Nesses casos, faz-se necessária a limpeza fluídica do ambiente extrafísico, o que nem sempre é fácil para nós.

A imensa maioria da humanidade, desapercebida das questões espirituais e não se importando com o controle das fontes do pensamento, plasma constantemente formas mentais negativas. A atmosfera psíquica da Terra é ainda muito pesada e pode dificultar muitas de nossas atividades. Como lidamos com os fluidos, a matéria mental e a energia, vocês podem imaginar como às vezes é difícil vencermos as barreiras vibratórias que separam os dois planos da vida. É preciso, de acordo com a tarefa a ser desempenhada, realizar uma espécie de varredura, com a projeção de fluidos em alta intensidade. Para vencermos o peso vibratório da matéria mental criada em torno do ambiente terreno, é necessário às vezes recorrermos a outras equipes de espíritos. Nem sempre se consegue vencer totalmente as dificuldades.

Nossa caravana foi aos poucos se aproximando da Crosta, acima da capital paulista. Baixamos nossa vibração perispiritual, vencendo momentaneamente a barreira dimensional e tornando nossa aparência mais opaca, a fim de podermos trabalhar nos fluidos pesados da atmosfera terrena.

Sob o influxo do pensamento de Ernesto, volitamos em direção ao centro da capital. A impressão que tínhamos é a de estar caindo, embora mais lentamente, rumo ao solo do planeta. Pairávamos como uma pluma, mas sentindo a força da gravidade influenciar, até certo ponto, em nossa volitação. Os fluidos da atmosfera pareciam carregados de uma fuligem, de tal maneira que pareciam pesar em nossos corpos espirituais. Quando percebi o que acontecia, o instrutor Ernesto convidou-me:

— Observe mais detidamente, Ângelo; veja o espaço abaixo de nós.

Agucei as minhas percepções espirituais e, quando fixei

mais detidamente o olhar, vi algo que dificilmente conseguirei descrever com perfeição de detalhes, devido mesmo ao vocabulário pobre de que disponho.

Abaixo de nós, sobre a cidade, além das luzes que avistávamos, parecia que uma teia, semelhante às de aranha, se espalhava por regiões imensas, nos bairros e em determinados pontos no centro da capital. Era como uma malha finíssima de uma negritude aterradora, que se entrelaçava sobre diversos lugares onde se aglomeravam os homens.

— Observe mais — falou o amigo espiritual.

Notei que, em alguns lugares, essa coisa semelhante a malha estava mais intensamente envolvendo certos prédios, ou até mesmo bairros inteiros da metrópole. Em outros lugares, parecia desprender cargas elétricas em variada intensidade. Outras vezes desprendia algo parecendo algum gás, que era absorvido por desencarnados e mesmo pelos encarnados.

Relâmpagos ou cintilações de energia se faziam perceber, transmitindo-se através dos fios tenuíssimos da rede fluídica. Em alguns lugares, parecia que a malha se entrelaçava em construções também fluídicas, naturalmente imperceptíveis para os encarnados. Essas construções fluídicas se justapunham às construções do plano físico.

Boquiaberto, ouvi a explicação do nosso mentor:

— Essa rede de fluidos ou de energia é o resultado da criação mental de entidades trevosas, que a alimentam com as criações infelizes de encarnados e desencarnados em desequilíbrio. Forma-se uma espécie de cúpula energética sobre as construções dos nossos irmãos encarnados, a qual envolve, como vê, bairros inteiros. Conhecemos casos em que toda a cidade se encontra envolvida com tais criações.

"Homens invigilantes muitas vezes contribuem com as mentes desequilibradas de entidades das trevas, que se utilizam dos fluidos densos criados pelos encarnados. A malha fluídica, invisível aos olhos físicos, funciona como uma espécie de campo psíquico. Sugando as reservas de energias das pessoas, essa rede faz com que sejam envolvidas nas próprias criações mentais, como se vivessem numa estufa, em que os clichês criados pelos pensamentos desequilibrados ganham vida própria. Sua localização corresponde às regiões onde os espíritos comprometidos com o mal se reúnem com mais freqüência; onde o vício e a violência dominam; onde seus habitantes se sintonizam mais intensamente com propósitos menos elevados."

— Mas os desencarnados mais esclarecidos não podem retirar a tal rede de energia mental, livrando os homens de sua influência destrutiva? — aventurei-me a perguntar.

— Como podemos interferir no livre-arbítrio dos homens? — respondeu Ernesto. — Depende da postura mental de cada um a espécie de ajuda que obterão. Com certeza detemos possibilidades de retirar essa energia pesada, mas de nada adiantará, pois ela será novamente criada e mantida pelas mentes invigilantes e infelizes. Quase todas as metrópoles da Terra são envolvidas em malhas como esta, pois muitas falanges de espíritos do mal, obsessores, cientistas ou magos das trevas se utilizam de recursos semelhantes. Aproveitam o alimento mental dos homens para nutrirem suas criações diabólicas, tentando impedir o progresso ou mesmo executando seus planos de vingança. Somente uma ação mais drástica ou intensa das forças soberanas da vida poderá libertar o homem da carga tóxica e negativa que o envolve. Naturalmente que esses recursos são atraídos pelo próprio homem, pois os habitantes da Terra se recusam, em sua maioria, a ouvir os apelos santificantes do Alto. Fazem jus a processos mais intensos de aprendizado. Até que despertem de sua letargia espiritual, continuarão vítimas de suas próprias criações mentais inferiores.

Silenciei qualquer comentário a respeito, uma vez que precisava meditar mais sobre o assunto.

Dirigimo-nos para determinado bairro da capital, em direção a uma igreja protestante. Nosso objetivo era auxiliar uma companheira a que Ernesto havia se afeiçoado em sua última existência física. Agora, reencarnada, rogava por socorro. Participava de uma igreja evangélica e, em suas orações sinceras, buscava o auxílio de Deus para suas dificuldades. O companheiro espiritual que a orientava encaminhou suas rogativas até nossa colônia, pedindo resposta imediata. O instrutor Ernesto procurou imediatamente servir e organizou uma caravana de auxílio. É claro que a oportunidade que se apresentava oferecia campo para observações e estudos. Eis a razão de minha participação nesta tarefa.

Em nossa jornada avistamos espíritos que ainda se encontravam apegados às vibrações físicas. Permaneciam como quando encarnados. Acreditavam que ainda pertenciam ao mundo dos chamados vivos. Eram bandos de entidades que irradiavam, em suas auras, cores escuras; na aparência, em tudo se assemelhavam aos nossos irmãos encarnados. Entravam nos veículos e promoviam uma verdadeira confusão no trânsito. Motoristas ficavam nervosos por qualquer coisa; irritavam-se à menor contrariedade. Eram incitados por tais espíritos, que se apegavam a eles, muitas vezes influenciando-os mentalmente, sem saberem ao certo da sua própria condição de desencarnados. Outras vezes, encontramos um bando de entidades que não se preocupavam com sua situação de ociosidade. Iam e vinham, de um lado para outro, aproximando-se de alguns homens, sugando-lhes as energias ou absorvendo-lhes a fumaça dos cigarros, como também os fluidos das bebidas. Eram espíritos que se aproveitavam das circunstâncias para saciarem seus vícios; talvez até conscientes, permaneciam apegados aos habitantes da esfera física.

Quem observasse como nós veria duas populações:

uma de homens e outra de espíritos. Conviviam no mesmo espaço, embora em dimensões diferentes. Era realmente estranho observar como os encarnados não percebiam que eram literalmente atravessados ou que atravessavam os desencarnados. Duas faces de uma mesma vida.

Curioso, eu observava o fenômeno, quando nosso instrutor me chamou a atenção, pois estávamos nos aproximando do templo para o qual nos dirigíamos.

— Preste atenção, Ângelo; você não pode perder esta oportunidade de observação. Veja o que se passa em sua volta e anote suas impressões.

Estávamos nos aproximando da igreja evangélica. Vi que uma quantidade imensa de espíritos ia e vinha em direção ao templo. Fixei bem a visão e pude notar que, da construção física, partiam fios prateados em direção à atmosfera. Em determinado momento esses fios se cruzavam, formando um maravilhoso espetáculo de luzes e cores, e irradiações cristalinas desprendiam-se da cúpula do templo, caindo sobre os espíritos que se dirigiam para aquele local de culto.

— Essas irradiações — falou Ernesto — são o reflexo das orações dos fiéis, que sobem até certo ponto. Quando se entrelaçam com as cintilações coloridas, é o momento em que os mentores ou responsáveis por nossos irmãos que freqüentam o culto irradiam seus pensamentos elevados, aumentando a sintonia e elevando o padrão vibratório das preces. É um espetáculo de rara beleza.

— Mas como os espíritos atuam nesses agrupamentos evangélicos, se estes consideram o espiritismo obra do demônio? Naturalmente, para eles, os espíritos são o próprio diabo. Como trabalhar no meio deles, sem despertar sentimentos contrários?

— Cada um tem o direito de pensar o que quiser — falou o instrutor. — Mas convém observar que espiritismo é uma coisa e os espíritos são outra. O primeiro é uma doutrina, nós somos individualidades. Caso os companheiros protestantes nos tenham na conta de demônios, isso é apenas por desconhecerem a nossa realidade. Não o fazem por mal. Têm as suas convicções religiosas, que merecem respeito de nossa parte; mas isso não nos impede de trabalhar pela causa do Mestre, embora em ambiente diverso. Mas isso tudo é apenas uma expressão da realidade com a qual convivem os evangélicos. Entre eles, existem muitos médiuns; porém, os nomes são outros. Denominam-se profetas e, ao fenômeno mediúnico, chamam de dons do espírito, pois, dizem, estão batizados com o Espírito Santo. Quando se encontram mais sensíveis e podem vislumbrar o plano extrafísico, dizem que têm visões. Observam a ação de algum desencarnado em vibração elevada e acreditam ver anjos, que na verdade são mensageiros da vida. Quando presenciam a ação nefasta de algum companheiro menos esclarecido do nosso plano, imediatamente identificam nele o demônio. É apenas uma questão de nome, de vocabulário. Para nós, o que importa é a tarefa a desempenhar em nome do eterno bem. Como nos chamam ou o que pensam a nosso respeito não nos interessa, devido ao trabalho que temos de realizar. São irmãos nossos que, apesar de não pensarem como nós, estão a caminho do Alto, em fase de aprendizado que merece respeito de nossa parte.

A morte e o morrer

Vivi, errei e amei. Morri e renasci.

— Quem está gritando?

— É a Joana, Dr. Roberto. A moça que veio do interior e parece ter entrado em estado terminal.

Os gritos aumentaram, parecendo associados a outros gritos que vinham lá de fora.

A enfermeira olhou para o médico e acrescentou:

— Desta vez é a mãe da Joana. Não se conforma que a filha esteja no fim. Afinal, ela tem apenas 28 anos de idade. Tinha uma vida toda pela frente.

— Não me parece que tivesse um futuro promissor — respondeu o médico.

— Neste estado em que se encontra não podemos imaginar muita coisa boa, mas ela nem sempre foi assim, não concorda? Posso falar com a mãe dela?

— Bem, você se sinta à vontade. De minha parte, eu apenas cuido da paciente.

A mulher estava aflita, tresloucada. A vida da filha parecia fugir a todo vapor, e ela não sabia o que fazer. Arlinda, a enfermeira, dirigiu-se à porta à sua frente e saiu numa ante-sala, onde a pobre mulher estava ao lado da filha semimorta. Sobre uma maca estava o que restava do corpo da moça, coberto com um lençol azul-claro.

A mãe, desesperada, postara-se ao lado do corpo raquítico, alisando os cabelos da filha, que, ao que parecia, estava nos últimos momentos de sua vida. Mesmo com o socorro de Arlinda, a pobre mulher continuava chorando, quando o Dr. Roberto apareceu no umbral da porta.

— Não adianta chorar, minha senhora. Daqui a pouco a senhora estará passando mal, e, aí, serão duas pessoas a reclamarem cuidados.

— Por favor, doutor! — falou a mãe desesperada. — É a minha única filha, ajude-a! Não tenho ninguém mais por mim neste mundo! Ajude-a, por favor!

— O caso dela é difícil, minha senhora. Veja o seu estado. Está com dificuldades de respirar. Na verdade, ela só respira devido ao aparelho. É questão de horas, o seu fim. É melhor a senhora se acalmar.

O estado da moça era caótico. Parecia estar no estágio final. A pobre mãe orava desesperadamente, pedindo forças ao Alto. Conforme sua crença, rogava pelo poder do "sangue de Jesus".

— Espere — falou o médico. — Ela parece estar lutando para sair deste estado. Vou chamar outros médicos para ajudar.

Dr. Roberto parecia animado, de repente, por uma força estranha, desconhecida. A mãe parou imediatamente sua oração improvisada e, ajoelhando-se a um canto do apartamento, pôs-se a orar com mais calma, pedindo ajuda aos céus. Parecia que estranha força se derramava sobre o ambiente. Caso pudessem ver, perceberiam entidades luminosas que acorriam em favor da moça. Mãos invisíveis traziam o bálsamo celeste, em resposta às rogativas da mãe aflita.

Médicos e enfermeiros corriam de um lado para outro, tentando, a todo custo, dar socorro à paciente. Algo acontecera com a moça, que animava as expectativas dos médicos.

— Fique tranqüila, minha senhora — falou um dos médicos. — Nos esforçaremos para devolver-lhe sua filha. Se acredita em Deus, peça-lhe para usar nossas mãos. Tentaremos o que for possível.

A cena que se passava no ambiente era um verdadeiro espetáculo de fraternidade e cooperação espiritual. As mãos invisíveis dos mensageiros celestes se justapunham às mãos dos médicos terrenos. Outros espíritos utilizavam-se de recursos fluídicos, inspirando enfermeiros e médicos a indicarem medicamentos eficazes para o socorro imediato de Joana. A mãe, mais esperançosa, orava sem cessar. Os anjos, como acreditava, trariam o socorro celestial e salvariam sua filhinha das garras da morte e do inferno.

Quando foi socorrida no hospital e sua vida fora salva, já se haviam passado 12 horas desde o momento em que ela havia injetado uma dose mais intensa de droga. Joana havia chegado ao fundo do poço e não podia culpar ninguém por isso, a não ser a si mesma. Não poderia lançar a culpa em outra pessoa. Mesmo que houvesse dividido suas experiências com a turma da pesada, não poderia dizer que a culpa não fosse dela.

Antônio, que considerava seu companheiro, lhe iniciara nas drogas, quando era mais jovem. Certa vez ele até tentara recuperar Joana, mas, não encontrando forças, sucumbiu ele próprio. Outra companheira de drogas, Verônica, estava ao lado de Joana quando ela tomou a droga. Mas parece que fugira, escondendo-se em algum lugar distante. Era difícil para ela, e para qualquer um, ser encontrada perto de uma pessoa que morrera de *overdose*. Como explicar para a polícia? Naturalmente, Verônica achou que Joana havia morrido e então abandonara o seu corpo naquele lugar nojento e imundo.

Joana teve algumas sensações enquanto esteve no hospital. Sonhos, visões e vozes pareciam atormentar-lhe o tempo todo. Parecia que ela mergulhara num pesadelo de algum louco e se debatia em meio a sombras grotescas. Só não sabia que a louca era ela própria. Parecia estar presa em um mundo totalmente diferente. Tentara várias vezes abrir os olhos; não conseguia. Mas ela via; via os médicos, enfermeiros, sua mãe.

Ah! A pobre mãe! Como sofria por Joana. Mas o seu raciocínio perdia-se em meio às imagens e aos sons estranhos, vítima que era de sua própria insanidade.

Em determinado momento o pesadelo passava, e, em lugar dele, mergulhava num sonho diferente. Via lugares, cenas e paisagens que passavam diante dela. Ou será que estavam dentro dela? O certo é que Joana percebia que algo diferente acontecia. Via uma luz, a princípio pequena e fraca; depois mais intensa. Resolveu, em seu sonho, seguir aquela luz, e isso parecia ser a sua única esperança, sua âncora de salvação. Esforçou-se por seguir o estranho foco de luminosidade. Novas forças pareciam animar seu ser. Firmou aos poucos sua vontade e seguiu a luz. Encontrou sua mãe.

Abriu os olhos e a viu. Estava ajoelhada num canto, parecia rezar. Joana tentou erguer-se do leito, mas estava muito fraca, não conseguia. Via apenas, com muito esforço, a figura de sua mãe; parecia chorar baixinho e orar, ao mesmo tempo. A luz que vira irradiava-se dela.

Fechou os olhos novamente, naquele momento, pois lhe faltavam forças para mantê-los abertos. Quando os abriu novamente, viu as luzes no teto; virando-se aos poucos, percebeu em que ambiente se encontrava.

Ao lado da cama, ou da maca, um pedestal mantinha uma espécie de tubo que se ligava ao seu braço direito. Na ponta do tubo Joana viu o recipiente cristalino, com um líquido dentro. Ela estava num hospital e estava sendo medicada. Era o soro que agora entrava pelas suas veias, tentando a recuperação de suas forças.

Sabia que algo grave havia acontecido com ela. Estava internada.

— Que coisa ridícula! — falou com voz rouca e fraca.

Esforçou-se para recordar os últimos acontecimentos de sua vida. Estava difícil. Parecia que a droga tinha um efeito prolongado sobre a sua mente. Era difícil até raciocinar.

Joana sentiu falta da droga. Parecia que algo a corroía por dentro lentamente. Desejava drogar-se.

Pensou que com a última experiência morreria. Na verdade, desejara morrer. Mas estava viva. Não sabia como, mas estava viva. Tentou se libertar do leito, mas não conseguiu. Não tinha muita força para tentar. Desejava ardentemente uma dose de droga. Todo o seu corpo necessitava dela. Mas não era a hora, e nem o lugar.

Ali tinha agulhas, mas de nada serviriam. Eram apenas para canalizar o soro até suas veias.

Joana mais uma vez tentou se mexer, mas o que conseguiu foi apenas tirar a agulha, causando um pouco de estrago em seu braço. O sangue gotejava da veia, molhando o lençol. Joana balbuciou um palavrão.

Naquele momento sua velha mãe se levantou e olhou para ela extasiada.

— Você está bem, minha filha? Você está bem? Ah! É você mesma, minha querida. Minhas orações foram ouvidas. Obrigada, meu Deus, muito obrigada.

Sua mãe a tocava, orando e agradecendo aos médicos, aos anjos e a Deus, pelo retorno de Joana à vida.

Joana não tinha certeza se era realmente a vida, mas retornara para prosseguir suas novas experiências. O tempo passou na lentidão das horas difíceis, e transcorria tudo conforme as escolhas de cada um. O tempo diluía-se nas horas.

Alguns meses depois, já com a saúde relativamente recuperada, Joana dirigiu-se a um barzinho. Parece que o ambiente pesado daquele lugar a atraía. O vício chamava-a para os seus braços. E, junto com o vício, a prostituição. Sim, a sintonia com aquele local a fazia chegar lentamente à mesma vida de antes. Somente uma força maior poderia tirá-la daquele pesadelo.

— Tem que ser algo muito forte, que supere a experiência dolorosa pela qual eu passei — pensava Joana. — Parece que desci ao mais profundo do abismo. A morte me rejeitou, e eu retornei para novo aprendizado. Tornei-me tão abjeta, tão mesquinha comigo mesma que não consegui nem morrer.

Deus? Não passava pela mente de Joana nem a leve possibilidade de sua presença ou existência. Deus não existia para Joana.

Ela queria mesmo era retornar para as ruas, para a vida, para os "amigos" de antes. Desejava, ansiava, enlouquecia de vontade. Ela não mudara nem um pouco.

Na Casa de Oração

Fui também à igreja, mas, com uma pedra no lugar do coração, não me sensibilizei com as orações, os cânticos, as pregações.

4

O templo estava repleto de gente naquela noite. Era uma casa simples, mas a construção espiritual que se justapunha à do plano físico era realmente soberba, pela paz que irradiava. Para quem olhasse, dir-se-ia que uma moderna construção se erguia em nosso plano sobre a casa singela que era a Casa de Oração.

Os fiéis se dirigiam todos ao seu lugar e, depois de breve cumprimento aos irmãos de fé, ajoelhavam-se para orar. Um silêncio comovedor dominava a nave da igreja. Um certo brilho parecia refletir de móveis e objetos, formando uma aura magnética, irisando o ambiente de luzes com nuances indescritíveis.

Olhei para o nosso instrutor, e ele me socorreu:

— Não, Ângelo! Você não está numa casa espírita. Veja como o clima de oração produz um ambiente calmo e de energias balsamizantes. Este templo religioso é um dos departamentos da grande escola de libertação das almas. Como em todas as religiões, estes irmãos que aqui se reúnem trazem a sua contribuição para o aperfeiçoamento da obras do bem, na implantação do reino do amor na face da Terra.

Apontando em direção ao púlpito, local onde o pastor realizaria sua pregação, Ernesto indicou certa senhora, de aparência simples, que naquele momento se ajoelhava para orar. Aproximamo-nos dela, e Ernesto deixou-se trair por uma discreta lágrima que descia de seus olhos.

— Esta é Altina Gomides, companheira muito dileta do meu coração. Estivemos juntos em várias encarnações, mas foi em nossa penúltima existência que estreitamos ainda mais os laços de afeto que unem nossas almas.

"Altina foi minha mãe na existência a que me refiro. Na época, tínhamos sob nossa tutela um espírito, disfarçado sob o manto familiar como irmã nossa, bem-amada.

"Nós a adotamos junto ao coração, mas ela conservava-se arredia, não se integrando aos costumes familiares. Preferia permanecer nas ruas, à cata de emoções mais fortes e experiências menos dignas. Veio a desencarnar a pobrezinha, colocando-se em situação difícil. Altina, que na época chamava-se Henriqueta, desencarnou mais tarde, vítima de doença desconhecida. Eu segui anos depois, e nos reencontramos deste lado de cá da vida.

"Henriqueta assumiu novo corpo físico e, no tempo

devido, recebeu nossa querida Efigênia, a alma que adotáramos como irmã, naquela existência. Agora, como Joana, escolheu caminhos difíceis, e Henriqueta, reencarnada como Altina, faz todos os esforços para sua recuperação. De minha parte, tento quanto posso auxiliar essas almas queridas, com os recursos espirituais de que disponho."

Ernesto passou as mãos nos cabelos de Altina, e esta pareceu arrebatada a estranho êxtase, colocando-se em prece:

— Pai amado, em nome de seu filho Jesus, da sua vida e do seu sangue derramado, venho lhe agradecer, Senhor, por ter libertado a minha Joana das garras da morte. Mas se posso lhe pedir algo, meu Pai, é que o Senhor tenha misericórdia de minha filha, pois, como sabe, eu só tenho ela por mim. Salve minha Joana, meu Deus, salve-a das mãos do demônio que se utiliza das drogas e do sexo para prendê-la em suas garras. Socorro, meu Deus!

Luz safirina envolvia Altina naquele momento sublime, enquanto ela recebia as vibrações de Ernesto. Era comovedora a ação da prece sentida. Ela parecia refazer suas energias; sentia-se mais confortada.

Levantou-se da posição em que se encontrava e, assentando-se, tomou a *Bíblia* nas mãos, enquanto Ernesto, através de intenso magnetismo, a conduziu na leitura do salmo 23, de Davi:

> *[O] Senhor é o meu pastor; nada me faltará.*
>
> *Deitar-me faz em verdes pastos, guia-me mansamente a*

águas tranqüilas, refrigera a minha alma.
Guia-me pelas veredas da justiça, por amor do seu nome.
Ainda que eu andasse pelo vale da sombra da morte, não temeria mal algum, porque tu estás comigo; a tua vara e o teu cajado me consolam.
Preparas uma mesa perante mim na presença dos meus inimigos. Unges a minha cabeça com óleo; o meu cálice transborda.
Certamente que a bondade e o amor me seguirão todos os dias da minha vida, e habitarei na casa do Senhor para sempre.[2]

Com a leitura que fizera, auxiliada por Ernesto, Altina alcançou maiores expressões de tranqüilidade. Colocara-se na posição de receber os recursos que a espiritualidade enviaria naquela noite.

Olhei para a *Bíblia* que Altina conservava nas mãos e vi que o livro sagrado parecia diluir-se em meio a estranha névoa de luz. Parecia haver descido do céu e se materializado nas mãos da nobre senhora.

Mais uma vez Ernesto me esclareceu:

— A *Bíblia*, para nossos irmãos evangélicos ou protestantes, representa a única regra de fé e prática. Para eles, a *Bíblia* é o livro sagrado, a própria palavra de Deus, considerada infalível. Deixando de lado as interpretações de nossos irmãos, eles impregnam sua *Bíblia* com tanto

---

[2] As citações bíblicas foram extraídas da *Bíblia de referência Thompson*. Tradução de João Ferreira de Almeida, ed. contemporânea. São Paulo: Vida, 1998, 8ª impressão.

amor e carinho que criam essa luz que você vê envolvendo o livro. Ela é o resultado das criações mentais superiores que nossos irmãos realizam constantemente, ao estudarem os textos sagrados.

— Mas a *Bíblia* tem esse significado para os espíritos também? — ousei perguntar.

— Cada um tem suas próprias idéias e merece nosso carinho e respeito. No entanto, considerando a pergunta em relação ao crescimento do ser espiritual e à evolução do pensamento, a *Bíblia* é vista pelos espíritos superiores apenas como um livro de caráter mediúnico, histórico e de grande importância para a educação de milhares de seres humanos. Mas não podemos dizer que seja a palavra de Deus.

— Então, de onde vêm essa expressão "palavra de Deus" e a crença na infalibilidade da *Bíblia*?

— Quando os irmãos chamados protestantes tiveram que lutar, no passado, contra os abusos da Igreja, sentiram necessidade de se apoiar em algo que lhes desse força moral para realizarem a tarefa da Reforma. A Igreja romana, para estabelecer sua doutrina, se baseava na revelação e na tradição dos pais da igreja. Os protestantes passaram, então, a considerar unicamente a *Bíblia* como regra de fé e de sua conduta, em oposição à Igreja. Como a consideravam a palavra divina, daí nasceu a crença em sua infalibilidade.

Fiquei pensando um pouco a respeito do que Ernesto me falou, enquanto a Casa de Oração foi enchendo cada vez mais. Três homens de terno se colocaram à frente da igreja. Um deles, de nome Augusto, convidou os fiéis a cantar hinos de louvor e gratidão a Deus.

— Observe agora, Ângelo! — falou Ernesto.

Coloquei todos os meus sentidos em alerta. Um velho piano começou a tocar, dedilhado por um companheiro encarnado, enquanto o povo acompanhava com um cântico arrebatador.

Notei que, à medida que cantavam, muita gente era socorrida por mensageiros do nosso plano. A música fazia vibrar os fluidos ambientes, e as energias mais densas que porventura estivessem impregnadas nos companheiros encarnados eram dispersas na atmosfera. A música boa e elevada funcionava como uma espécie de passe magnético, dispersando os fluidos densos.

Uma outra coisa acontecia. Enquanto os crentes cantavam louvores, espíritos luminosos aproveitavam a elevação dos sentimentos e pensamentos e desligavam as entidades infelizes do campo áurico de várias pessoas que ofereciam condições para o socorro espiritual. Ao que me parecia, aquela era a oportunidade de realizar uma espécie de limpeza magnética de grande intensidade. Dependendo da música que cantavam, do hino que elevavam em agradecimento a Deus, as vibrações da melodia desfaziam a rede de fluidos nocivos que ligavam as entidades perturbadas a algumas de suas vítimas. Era uma varredura espiritual.

— Os nossos irmãos não estão desamparados dos recursos espirituais — falou Ernesto. — Todos eles recebem o auxílio de acordo com o merecimento e a necessidade. Como vê, meu amigo, aqui também operam as forças do bem, e não só nos centros espíritas.

A música parou. Vinha agora o período de orações, quando um dos presentes levantou-se e orou com o fervor característico de nossos irmãos evangélicos:

— Glória ao nome soberano do Senhor! Oh! Glórias! A tua bondade, Pai, nos permitiu aqui nos reunirmos em nome do teu filho Jesus, a fim de adorar-te e reverenciar o teu nome...

A oração continuava, enquanto eu observava os presentes. Descia do Alto uma chuva prateada de pétalas, parecendo estruturada em pura luz. Entidades luminosas penetravam no ambiente trazendo fluidos balsâmicos e refazendo as energias. Eu presenciava uma reunião espírita, do lado de cá da vida, embora num templo evangélico.

Comovia-me diante da demonstração de espiritualidade. Nunca imaginaria que os espíritos atuassem tão diretamente dentro das igrejas. Era uma grata surpresa poder presenciar o que se passava à volta.

Ernesto se dirigiu ao púlpito quando o pastor Eduardo começaria sua pregação. O nosso instrutor parou alguns segundos junto ao missionário evangélico e, colocando as mãos sobre sua cabeça, inspirou-lhe na pregação.

A cabeça do pastor parecia iluminar-se. A glândula pineal emitia luzes de tonalidades variadas e mais parecia uma chama que iluminava todo o cosmo orgânico. O córtex cerebral parecia uma rede tênue de fios luminosos. Do bulbo raquidiano, partia um fio dourado, ligando-o ao instrutor espiritual.

Para os nossos irmãos evangélicos o pastor recebia os dons do Espírito Santo. Para os nossos irmãos espíritas ele estava incorporado, utilizando-nos da expressão mais comum. O missionário falava ligado diretamente à mente de Ernesto.

Fiquei admirado. Presenciava o intercâmbio mediúnico dentro de uma igreja evangélica. Um pastor que falava mediunizado. Ele era um médium de Jesus que recebia as intuições do plano maior da vida. Naturalmente, a sua pregação, embora intuída, não contrariava os ensinamentos de sua religião. Doutrinariamente, pareciam suas idéias as mesmas de antes, mas, no conteúdo moral do que falava, percebia-se a intensidade do pensamento do espírito que o auxiliava.

A mediunidade não encontra barreiras. Qualquer que seja a religião, a mediunidade está aí, presente nas vidas dos homens, objetivando elevar e fazer progredir, embora muitos a utilizem com fins diferentes daqueles para os quais foi programada. Mediunidade funciona como uma espécie de parceria entre os encarnados e desencarnados.

O espírito comunicante transmite a idéia, o pensamento, e o médium, na medida de sua capacidade, reveste a idéia de seus próprios recursos, de seu vocabulário. O cérebro perispiritual ou espiritual é repleto de conhecimentos arquivados durante as vidas pretéritas. No intercâmbio, o espírito toma das expressões próprias do médium, de seus conhecimentos arquivados na memória espiritual e reveste o seu pensamento com tais recursos, estabelecendo a comunicação.

Para que o fenômeno aconteça, não importa qual seja a religião do medianeiro. A atuação espiritual se faz presente. Muitas e muitas vezes os espíritos se utilizam dos homens sem que eles ao menos o suspeitem. Escritores, médicos, pastores, padres e oradores são invariavelmente médiuns, inconscientes da atividade que os espíritos exercem sobre eles.

Muitos conceitos morais e orientações de ordem superior vêm através de oradores, das pregações de pastores e padres, sem que eles saibam que estão trabalhando como médiuns. Da mesma forma, muitos espíritos irresponsáveis, sem nenhum compromisso com a verdade, se utilizam dos seres humanos, em qualquer lugar em que se encontrem, como médiuns seus. Desse intercâmbio infeliz nascem as intuições negativas, as idéias errôneas, os conluios tenebrosos que dão lugar às obsessões de toda espécie. Tudo é questão de sintonia.

O auditório estava cheio. Havia ali algumas dezenas de

pessoas. Foi quando senti que era difícil não me comover pelo entusiasmo daqueles companheiros. O coral do templo cantou belíssimos hinos, e os testemunhos que as pessoas deram falavam de uma única coisa: do seu encontro com Deus através de Jesus.

O pastor Eduardo falava de Deus, de Jesus e do compromisso espiritual dos seguidores do Mestre. Coloquei atenção no que o pastor falava, intuído por Ernesto, o companheiro espiritual. Eram conceitos muito elevados. Nunca imaginei que pudesse ouvir de um pastor tanta coisa bonita e de elevado padrão vibracional. Ernesto o envolvia completamente. As emoções afloravam em todos nós, desencarnados e encarnados. O missionário evangélico transmitia, sem que o suspeitasse, os pensamentos de Ernesto, um espírito.

A noite da alma

Droguei-me, abusei do sexo
na ânsia de encontrar a plenitude.
Em vão. Não encontrei o Deus
que eu procurava.

5

Após o culto dirigimo-nos, Ernesto e eu, à residência de Altina Gomides, acompanhando-a. Ela morava num bairro próximo e não precisava tomar ônibus para chegar até em casa.

Antes, porém, Altina resolvera passar na padaria para fazer algumas compras. Assim que entrou, encontrou Anastácio, dono da pequena padaria, que foi logo puxando conversa:

— A senhora vem do culto, D. Altina?

— Venho sim, Seu Anastácio. Hoje foi uma noite de muitas bênçãos. Qualquer dia o senhor tem que nos visitar...

— Ah! Sei! Qualquer dia, D. Altina; qualquer dia. Por acaso a senhora tem notícias da Joana?

Altina Gomides, diante da pergunta, pareceu alertar a mente, como se algo tivesse acontecido.

— Eu a deixei em casa e parecia-me que estava repousando...

— É que eu a vi logo ali, na esquina, junto com aquela amiga dela, a senhora sabem quem é...

— Ai, meu Deus! Será que eu não terei sossego com esta menina?

Altina Gomides saiu feito louca, esquecendo-se das compras, à procura da filha Joana. Acompanhamo-la rumo à rua próxima, onde ela julgava encontrar a filha. O caso aparentava gravidade.

Joana acabara de sair de uma situação difícil e já voltava às companhias de antes. Sensível como era às influências externas, Joana acabaria por se entregar às mesmas experiências difíceis de outrora.

A família era pobre, e Altina sobrevivia de uma pensão que lhe deixara o marido, morto havia alguns anos. Além do pouco dinheiro que recebia, fazia bicos para ganhar alguns trocados e manter o lar, bem como pagar o aluguel da pequena casa onde morava com Joana. Para piorar a situação, vivia no médico, com problemas graves do coração, tendo sintomas de angina. Apesar de tudo era uma mulher de fibra. Não desistia da vida e nem de lutar por sua Joana.

Encontramos Joana junto à amiga, já drogada e sem forças para movimentar-se. Junto dela, quatro entidades pareciam sugar-lhe as reservas vitais, imantadas ao seu corpo.

Altina, num misto de desespero e dor, envolveu Joana nos braços, chorando muito.

— Ah! Senhor da Glória! Socorre minha filha; não a deixe nas garras do inimigo; liberte-a do demônio.

A pobre mulher chorava convulsivamente tendo a filha nos braços, enquanto a companheira de Joana jazia deitada num canto, com uma seringa na veia.

A um gesto de Ernesto, saí rápido em direção à padaria onde estivemos antes. Encontrando Anastácio, logo me coloquei ao seu lado, envolvendo-o em meus pensamentos. Anastácio pareceu captar imediatamente meu apelo e foi saindo para a rua. Algo que ele não sabia o que era o impulsionava a ir na mesma direção em que vira antes Joana e a amiga.

Encontrou Altina com a filha nos braços, ambas sentadas naquele lugar escuro e pouco freqüentado.

— Deixe-me ajudá-la, D. Altina — falou Anastácio, já se achegando e procurando tirar Joana dos braços da mãe.

Ergueu-a com naturalidade e saiu depressa em direção à casa de Altina, que, aflita, abriu a porta, ainda chorando. Preparou a cama simples para que Anastácio depositasse o corpo de Joana, que parecia desfalecida.

— É difícil, Seu Anastácio, mas tenho fé em Deus e no sangue de Jesus que ele vai libertar a minha Joana.

— Eu acho que a única coisa que temos a fazer é rezar por ela. Bem — falou Anastácio — vou deixá-las aqui e voltarei para socorrer a amiga de Joana. Nem sei ainda como proceder.

— Traga-a para minha casa também, Seu Anastácio. Eu cuidarei de ambas.

Anastácio saiu, deixando Altina com Joana, quase morta, após o uso das drogas.

As companhias espirituais de Joana estavam tão intimamente ligadas a ela que não podíamos, de imediato, separá-las, sem que Joana sofresse abalos maiores. Precisávamos de tempo.

Enquanto Altina preparava um café forte para tentar reanimar a filha, eu e Ernesto observávamos a moça, que parecia desmaiada.

Notei a solicitude de Ernesto para com a pequena família e as lágrimas pouco disfarçadas que desciam de seus olhos.

Olhei e vi que do corpo espiritual das quatro entidades partiam fios semelhantes a teias de aranha, de uma negritude sinistra, envolvendo o córtex cerebral da moça. Uma das entidades parecia absorver mais os fluidos das drogas consumidas por Joana, que parecia, à nossa visão espiritual, mais alienada. Não encontro palavras no vocabulário do médium para descrever a cena trágica que eu presenciava. O espírito, demente, parecia gemer ao lado do corpo estendido. O corpo espiritual da entidade parecia pulsar, gotejando de suor, num processo de simbiose psíquica com a vítima encarnada.

— Estamos diante de um processo de obsessão intenso — falou Ernesto. Espero que consigamos realizar algo em favor de Joana.

Antes que o instrutor espiritual pudesse continuar, Anastácio entrou com um amigo, trazendo, desfalecido, o corpo da companheira de drogas de Joana.

A rua tinha uma linguagem toda especial, particular.

— Ei, lindona! Onde vai a esta hora?

— Na ruela. Vou ficar adoidada hoje! Numa boa!

Íamos ficar as duas com a cabeça feita. Era assim que nos referíamos à situação de drogadas. Tínhamos que conhecer a língua do povo, das gangues, dos traficantes.

Gostávamos de nos reunir e fazer barulho. Quando dava, utilizávamos a casa da família; no meu caso, só minha mãe, eu e meu irmão formávamos a família. Dançávamos ao som de um *rock* pesado ou fazíamos outras coisas menos confessáveis.

Quando chegava a hora dos pais chegarem em casa, limpávamos tudo, e todo mundo ia embora para suas casas. A gente se sentia outro na hora da festa. E depois também, quando tudo acabava, toda aquela bagunça.

Eu tinha pouco mais de 18 anos quando fui aceita num desses grupos de fumantes e picados, como a gente dizia na época. Nosso grupo, quando se reunia, tinha a fama de ser o grupo mais unido e também o mais doidão.

Com o tempo eu ganhei muita fama entre os integrantes do grupo de viciados. Ganhei tanta fama que eles mesmos ficaram com medo de mim. Aí, bem, aí me expulsaram da turma, e eu fiquei vagando sozinha até encontrar a Joana.

Ela sim, era amiga. Dividia todos os babados comigo. Juntas, formávamos a dupla do terror. Ninguém podia conosco. Tentei mais de uma vez convencer meu irmão a cheirar e picar, ou talvez apenas fumar um baseado, mas ele se recusava terminantemente. Ele era careta demais. Um amorzinho. Só que ultrapassado. Não dava para conviver com ele. Caretas! Nem de longe.

Sempre que não estávamos numa festa ou numa bagunça, estávamos brigando ou "fazendo". Éramos viciados, embora nos julgássemos donos da situação. A Joana então, coitada! Parecia que depois que fora internada estava um pouco tonta. Queria desistir. Eu não deixaria que ela se entregasse a essa caretisse. Desistir das drogas? Jamais!

Eu acho que a mãe de Joana é a responsável por ela estar desse jeito. Com aquela mania de rezar, ir à igreja...

Joana já não é mais a mesma de antes. Eu não sei bem o que se passa, mas alguma coisa mudou nela. Bem, deixa pra lá.

Comecei a sentir desprezo pela minha vida. Mas também pelas vidas de minha mãe e meu irmão. Caretões que eram.

Sempre me considerei uma solitária, mais ainda do que

os outros da nossa turma. Nunca quis me envolver com alguém. Embora eu não sonhasse mais com o vestido branco e o casamento, considerava-me suficientemente esperta para não me deixar envolver por alguém. Esse negócio de amor era caretisse. Nunca amaria. Mas o que eu não admitia era o fato de que eu também não era amada.

Ruas calçadas de ouro e dinheiro fácil: era o que diziam as cartas que eu recebia quando estava em Bauru. Meus familiares que moravam na capital paulista sempre enfeitavam as narrativas a respeito da facilidade de ganhar a vida em São Paulo. E para lá nos mudamos, a velha, o mano e eu. Papai já havia abandonado a família há três anos.

Quando chegamos lá procurando os familiares, a situação era outra. Foi muito difícil a adaptação nos primeiros tempos. Tivemos de ir morar com uma tia, em um apartamento com dois quartos e, imaginem, cinco filhos do barulho, no verdadeiro sentido da palavra. Um dos primos tinha de dormir em cima da mesa. Era o lugar mais confortável. Mas, mesmo assim, tivemos que nos acostumar, até que pudéssemos alugar nosso barraco. Eram três cômodos, e não havia muito lugar de sobra.

Nos estudos eu sempre fui um fracasso. Não queria nada de sério na vida. Sonhava em ser famosa, sem estudo e sem trabalho.

A única fama que consegui na vida toda foi ter o meu nome estampado em manchetes de jornais. Na parte dos crimes. "Mulher é presa roubando joalheria." Foi só. Uma fama muito louca.

Com o tempo conheci uma turma pesada. Vieram as drogas, a maconha e a cocaína. A heroína veio mais tarde e, com ela, a prostituição, o prazer fácil, vulgar. Passei a roubar para sustentar o vício. Desci! Desci muito e me atolei na lama moral. Conheci Joana e entramos por outros babados. Não deu certo.

Hoje estou aqui, com o resultado de meus desvarios. Estou drogada, tonta, sem fé, sem Deus. Estou simplesmente morta.

A droga foi fatal. Não voltei daquele sono, que, para mim, foi enganador. Dormi. Apenas dormi. Com direito a intensos pesadelos e tudo o mais.

Eu morri e não sabia o que era a vida, nem mesmo após a vida.

Minutos depois a amiga de Joana estertorava, convulsionava. Anastácio tentou correr em busca de ajuda. Mas de nada adiantou. A moça estava nos últimos minutos de sua existência.

Do nosso lado, duas entidades de aparência grotesca, animalizante, sugavam-lhe as energias e pareciam tentar beber-lhe o sangue das veias, sem conseguir alcançar seu intento. Ensaiavam rasgar as roupas da moça ou arrancar-lhe os cabelos, num gesto tresloucado.

— Esperam o momento do desligamento definitivo de sua vítima — falou Ernesto. — Ela lhes deu o alimento durante a vida física; agora, esperam-na para continuarem se alimentando de suas energias vitais.

— Procuremos libertá-la, Ernesto — falei apressado.

— Por ora não podemos realizar nada, Ângelo. Se alcançássemos alguma melhora no quadro da moça, em breve ela retornaria à presença de seus comparsas.

Olhando para a moça, vi que se esforçava para permanecer ligada ao corpo físico, em cujas veias havia injetado violenta dose de droga.

O corpo, porém, parecia querer expulsar o espírito hospedeiro, pois demonstrava imenso desequilíbrio.

As entidades vampirizadoras pareciam se agarrar ao espírito da infeliz mulher, puxando-a do corpo físico. Queriam arrancar o espírito do corpo combalido, com muita violência.

— Venha, miserável! Venha, sua megera! Necessitamos de seu corpo ou do que resta nele. Temos sede de vitalidade — falavam, aos berros, os espíritos infelizes.

— Não podemos fazer nada para auxiliar? — perguntei ao instrutor.

— Observe, meu amigo — falou Ernesto.

Aproximando-se de Altina Gomides, o instrutor espiritual colocou-lhe as mãos na fronte e no bulbo raquidiano, concentrando-se um pouco.

A nobre senhora, percebendo a inspiração momentânea, falou com Anastácio.

— Seu Anastácio, sei que o senhor tem me auxiliado muito neste caso, mas gostaria de lhe pedir mais uma coisa, se posso me atrever a tanto.

— Fale, D. Altina! Fale!

— É que eu gostaria de fazer uma oração, antes que alguma coisa mais aconteça. O senhor me acompanha?

Hesitando um pouco, Anastácio cedeu ao pedido.

Abrindo sua *Bíblia*, Altina deparou com um salmo de Davi, o qual dizia:

> *Aquele que habita no esconderijo do Altíssimo, à sombra do Onipotente descansará.*
> *Direi do Senhor: Ele é o meu refúgio e a minha fortaleza, o meu Deus, em quem confio.*
> *Certamente ele te livrará do laço do passarinheiro, e da peste perniciosa.*
> *Ele te cobrirá com as suas penas, e debaixo das suas asas estarás seguro; a sua fidelidade será teu escudo e broquel.*
> *Não temerás o terror noturno, nem a seta que voa de dia, nem peste que anda na escuridão, nem a praga que destrói ao meio-dia [Sl 91:1-6].*

O salmo tocou muito fundo no coração de Anastácio, e Altina começou então a orar:

— Pai de infinita graça, em vosso nome sagrado e eterno

e no nome poderoso de Jesus, venho humildemente rogar a vossa interferência, Senhor! Não peço por mim, que não mereço as vossas bênçãos. Peço-lhe por estas que sofrem, por Joana em particular. Permita, Senhor da Glória, que os teus anjos nos socorram, mas que, acima de tudo, se faça a tua, e não a nossa vontade. Amém.

A casa humilde banhou-se de safirina luz, e as entidades perversas sentiram o choque vibratório, demandando em retirada.

A mulher infeliz, que tinha suas energias sugadas, pareceu imediatamente aliviada.

Ernesto aproximou-se da pobre irmã e, com passes longitudinais, desligou-a do corpo físico, o que não foi muito fácil. A operação demorou quase uma hora.

Observei atento o ocorrido, quando vi uma espécie de luminosidade esvair-se do corpo da moça agonizante. Parecia uma névoa que se erguia do corpo físico que morria. Com olhar mais atento, notei que a espécie de vapor luminoso assumia a mesma forma do corpo físico, como se fosse um duplo do organismo somático. Entretanto, o corpo me parecia muito mais bonito do que a parte espiritual que se desprendia. O espírito semiliberto trazia as marcas da loucura e do terror estampadas em sua aparência espiritual.

Recém-liberto do corpo físico, o espírito da amiga de Joana parecia mergulhado em intenso pesadelo. Olhos arregalados desmesuradamente olhavam-nos, sem perceber-nos a presença ou entender o que se passava. Estava transtornada diante da própria realidade. Não sabia ainda que estava desencarnada.

— A oração sincera — principiou o nosso instrutor — tem um poder que os homens estão longe de compreender. Orando, a alma coloca-se em ligação direta com a fonte de todo o bem e amor. O coração que se eleva atrai os recursos do Alto e entra em sintonia com o Pai.

Se todos soubessem, adquiririam o hábito de orar e vigiar as matrizes do pensamento. Orar é falar com Deus, que sempre responde aos seus filhos.

A lição era muito profunda. Fiquei por ali algum tempo, depois me retirei para, eu mesmo, orar. Agradeci a Deus a oportunidade que me concedia de aprendizado.

Vampirismo

Descobri que, durante todo o tempo em que errava, em que caminhava prisioneira de minha máscara, apenas procurava por Deus.

Após o incidente com Joana e sua amiga, uma nova etapa começava em sua vida. A amiga desencarnara por *overdose*. Isso, para Joana, foi como um choque elétrico que a fez acordar um pouco para a realidade. Com as orações da mãe e a interferência de amigos, Ernesto e eu conseguimos inspirar os companheiros encarnados a procurar um tratamento mais completo para Joana. Entretanto, em matéria de pensamento, de transmissão de nossas inspirações, os companheiros encarnados sentem dificuldades em captar-nos a influência. Com muita boa vontade conseguem refletir nossas idéias e intuições, porém, muitas vezes, a essência se perde, em meio aos pensamentos desencontrados ou pouco acostumados à disciplina.

Assim, nossa influência sobre Joana e sua mãe Altina foi interpretada como a necessidade de internar Joana numa espécie de clínica de recuperação de viciados. Mas o que sugeríramos não era bem isso. Porém, tudo faríamos para auxiliar. O caso merecia o nosso concurso.

Ernesto e eu dirigimo-nos a um núcleo espírita próximo à casa de Joana. Lá encontramos outros companheiros espirituais que nos auxiliariam no caso. Indicamos à equipe espiritual o local onde a infeliz enferma residia. Auxiliaram quanto podiam, inclusive acompanhando os familiares da amiga de Joana durante todo o tempo em que providenciavam o sepultamento do corpo. A equipe de espíritos amigos tudo fazia a fim de que as entidades vampirizadoras fossem afastadas.

No velório, todos da família procuravam evitar tocar no assunto das drogas. Tentaram esconder o fato de que a pobre criatura era viciada e que morrera de *overdose*.

— Como está bonita, minha filhinha — dizia a mãe. — É um anjo de Deus...

Chorava amargamente a mãe de Adriane, a garota que desencarnara.

Do nosso lado, Adriane espírito parecia tresloucada, não entendendo a situação. Tentava se apossar do corpo físico a todo custo, mas este se recusava a obedecer-lhe o comando. A cada elogio que os familiares lhe endereçavam, sentia um choque vibratório intenso. Os elogios e comentários eram uma tentativa de disfarçar a verdade, a verdadeira situação. Não significavam a realidade dos sentimentos dos familiares, que de certa forma se sentiam aliviados com a morte da moça.

Os parentes mais próximos de Adriane pensavam até na tranqüilidade que teriam devido ao desencarne da criatura. Não imaginavam que, embora os convidados não pudessem ler seus pensamentos e sentimentos, o espírito de Adriane a tudo ouvia, naquele momento considerado sagrado para todos.

Novamente vimos a turba de espíritos se aproximar do corpo de Adriane. Para ela mesma, como espírito recém-liberto, a falange de seres tenebrosos se parecia com demônios que disputavam seu corpo. Desgovernada, saiu correndo porta afora, sendo seguida por um companheiro do nosso plano.

Ernesto mais uma vez entrou em ação, auxiliado por oito entidades que nos acompanhavam. Dispersou as últimas reservas de fluidos vitais do antigo corpo de Adriane. Agindo assim, os espíritos vampirizadores nada puderam fazer, saindo logo em seguida atrás da moça.

A cena que se desdobrou à nossa visão espiritual foi aterradora. O bando de entidades obsessoras encontrou Adriane em pleno desequilíbrio, ao lado de uma sepultura, no cemitério onde seu corpo estava sendo velado. O espírito, recém-liberto da roupagem física, não tinha noção de seu verdadeiro estado. Captando as influências perniciosas, Adriane entrou em sintonia com as entidades infelizes, e o que vimos foi uma verdadeira fúria demoníaca.

Os espíritos perturbados assenhorearam-se de Adriane, que se debatia parecendo vítima de algum pesadelo. Entre palavrões e algazarras, o espírito de Adriane foi levado pelos malfeitores espirituais.

Ernesto indicou um espírito de nossa equipe para acompanhar o caso, embora não pudéssemos fazer muita coisa em benefício de Adriane. Ela escolhera o seu destino. Só mais tarde, quando a dor do arrependimento batesse em seu coração, é que seria realmente liberta.

— Não se preocupe, Ângelo — falou o instrutor Ernesto. — O espírito de Adriane não estará desamparado. Um abnegado irmão da nossa equipe estará ao seu lado constantemente, esperando o momento em que ela desperte da letargia espiritual que a domina. Por agora, o que podemos fazer é orar e esperar.

Observei o cemitério e vi que muitas lápides pareciam iluminadas por estranho brilho. Eram o resultado das orações dos familiares, que ali concentravam suas energias mentais. Endereçavam seus recursos psíquicos e sentimentais não ao morto, ou desencarnado, mas à própria sepultura, como se fosse um templo sagrado onde repousava para sempre seu ente querido. Muita gente ignora a verdadeira realidade espiritual.

Saindo do cemitério, agucei meus sentidos de repórter ao ver uma estranha cena.

Uma mulher, vestida de um costume preto e vermelho,

parecia embriagar-se com estranha bebida, sentada sobre a própria sepultura. Seus pés, entretanto, pareciam ser picados por milhares de formigas, que lhe subiam pelo corpo espiritual.

Pensei que poderia falar com ela, entrevistá-la, quem sabe... Ela, porém, não registrava a minha presença. Tentei, em vão, chamar-lhe a atenção, até que Ernesto me convidou mais enfático:

— Não perca o seu tempo, Ângelo. Temos coisa mais importante a realizar. Você ficaria surpreso com tantas coisas que veria acontecer num cemitério. Essas almas que aqui permanecem ligadas aos despojos físicos não têm ainda condições de serem auxiliadas. Necessitam de tempo para que se libertem dessa situação difícil. Trabalhemos; outros campos de serviço nos aguardam.

Não foi fácil para Joana libertar-se das drogas. Anastácio acabou se envolvendo tanto com o problema de Joana que se aliou à mãe da menina na tentativa de auxiliá-la.

Altina orava todos os dias sem cessar, mas não sabia como poderia internar sua Joana numa clínica especializada. Não tinha recursos financeiros para isso. Dependia inteiramente do amigo Anastácio e dos companheiros de igreja.

Certo dia Anastácio conversava com um cliente de sua padaria, quando ficou sabendo que ele era espírita. Um tanto quanto curioso, tentou extrair informações a respeito da religião espírita.

— Fale-me a respeito, Seu Paulo — pediu Anastácio. — Diga-me que espécie de trabalhos vocês fazem lá, para ajudar as pessoas. Não me interprete mal, não, mas é que dizem tanta coisa a respeito do espiritismo, que só de lembrar nos dá arrepios...

— Não é nada disso não, Seu Anastácio — falou Paulo, solícito. — É pura ignorância do povo, quando falam que fazemos trabalhos para os outros. O espiritismo não realiza nenhuma mandinga para ninguém; espiritismo é ciência que estuda as leis de Deus e da vida, respondendo nossos questionamentos de forma esclarecedora. Também conforta-nos sobremaneira, pois, através de suas lições morais, nos aproxima cada vez mais de Deus e nos faz ver que Ele, que é pai, está aqui mesmo, dentro de nós. Só isso.

— Mas então vocês falam de Deus também?

— Mas é claro, Seu Anastácio. Sem que Deus queira, nada podemos realizar... Faça o seguinte: eu lhe darei este livro aqui — tirou *O Evangelho segundo o espiritismo* da bolsa e deu-o ao padeiro — e quando o senhor tiver algum tempo, leia-o, assim terá uma idéia a respeito do espiritismo. Não adianta eu tentar lhe dizer muita coisa agora. Leve o livro, e em outra oportunidade falaremos.

Conversando, Anastácio soube que Paulo trabalhava como voluntário numa espécie de clínica de recuperação de usuários de drogas. Paulo lhe disse que era uma clínica de seus amigos espíritas e que ele, a cada duas semanas, auxiliava quanto podia.

— Mas não me diga... parece que o senhor caiu do céu, Seu Paulo — falou Anastácio. — É que tenho uma amiga que está vivendo um caso muito sério com este negócio de drogas. A filha precisa urgentemente de um tratamento. Quem sabe o senhor não poderia auxiliar?

— Claro, Anastácio, faremos o que for possível...

Assim, após esse contato, as coisas começaram a se encaminhar para Joana. Ela foi conduzida ao tratamento integral na fazenda-clínica, auxiliada de perto por Paulo e por Anastácio. Do outro lado da vida, consciências sublimadas auxiliavam para que o caso de Joana fosse devidamente acompanhado.

Pesadelo

Revoltei-me nessa procura e,
revoltando-me, neguei que Ele existia.

7

Joana reconhecia a necessidade de reeducar-se; entretanto, não tinha força de vontade suficiente para libertar-se do vício. Fora internada com o auxílio de companheiros espíritas, amigos de Paulo, que tentavam ajudar quanto podiam.

Mas o caso de Joana não era tão simples assim. Junto com os traumas, vícios e demais dificuldades orgânicas a moça vivia um difícil estado de obsessão. Entidades trevosas, atraídas pelo seu vício, vinham ao seu encontro diariamente. O espírito de Adriane, que desencarnara de *overdose*, atuava como ponte entre Joana e tais entidades. Todas as noites vinham os pesadelos, e o desespero tomava conta da moça.

Na clínica, os doentes eram tratados com passes e fluidoterapia, além dos medicamentos habituais. Mas para que tudo corresse bem era necessário que o paciente contribuísse para a própria melhora. Sem cooperação, não era possível alcançar resultados positivos.

Numa determinada noite, quando Joana dormia, seu espírito desprendido encontrou Adriane. Iniciava-se um intenso pesadelo. Joana recusava-se a recorrer à oração; então, no momento em que mais precisava, não tinha como valer-se da ajuda espiritual.

Adriane apresentava-se à visão espiritual de Joana muito bonita e com um charme especial, convidando-a a dar uma volta por aí. Nessa ocasião, Ernesto e eu nos aproximamos de Joana espírito, tentando de alguma forma auxiliá-la, tirando-a da companhia de Adriane. Mas não encontrávamos ressonância alguma nas disposições de Joana, que saiu de mãos dadas com Adriane, passeando por regiões tenebrosas do mundo espiritual. Tentamos de tudo, mas parecia que Joana não queria ser ajudada. Só nos restava esperar e observar.

A paisagem na qual se desenvolvia o pesadelo de Joana era um misto de criação mental de entidades perversas e da mente enferma de Adriane, que servia de marionete para outros espíritos mais perigosos.

Desdobrada pelo sono físico, Joana seguia o espírito dementado de Adriane para regiões cada vez mais densas e obscuras do mundo oculto. Seguíamos as duas, Ernesto e eu, esperando um momento adequado para interferirmos.

Adriane seguia com a companheira em direção a uma estranha construção em meio à paisagem fluídica do plano extrafísico. Ao longe, erguia-se um estranho castelo, para onde as duas se dirigiam. Do lado de fora, à semelhança de antigo castelo medieval, um fosso contornava a estranha edificação. Mas parecia que Joana estava hipnotizada, não conseguindo libertar-se do domínio de Adriane, que a essa altura já não conseguia manter a aparente tranqüilidade ou a forma externa com a qual se apresentava para Joana durante o sono físico. Intenso desespero parecia dominar o semblante de Adriane, e ela, imantada ao espírito desdobrado de Joana, entrou no castelo sombrio, que funcionava como um laboratório de inteligências perversas.

— Este caso, Ângelo — falou-me Ernesto — merece estudos mais aprofundados e ação emergencial. Como você sabe, Adriane, quando encarnada, exercia uma certa influência sobre Joana. Agora, quando se acha sob influência de espíritos perversos, busca novamente a sintonia com a companheira de viciação, tentando dominá-la e trazê-la definitivamente para o desequilíbrio.

— Temos que fazer algo, Ernesto; não podemos deixar Joana à mercê de entidades tão infelizes.

— Aguardemos, companheiro. O momento é muito delicado, e temos de saber esperar com acerto. Façamos o seguinte: enquanto você acompanha as duas ao interior da construção, retornarei à procura de auxílio. Para realizarmos algo com proveito é preciso nos utilizarmos de fluidos humanos, animalizados. Devo retornar e procurar ajuda.

— Que farei de minha parte?

— Continue com as duas, Ângelo, mas não tente nada sozinho. Ainda não é o momento. Espere-me, e localizarei você onde estiver.

Ernesto voltou procurando recursos para libertarmos Joana do pesadelo em que se via envolvida. Prossegui junto das duas, adentrando o pátio interno daquela construção fluídica.

Poucos espíritos pareciam ocupar o pátio do castelo medieval localizado nas regiões sombrias do plano astral. Duas entidades vestidas de forma espalhafatosa, numa mistura de cores vivas e roupas extravagantes, vieram ao encontro das duas. Adriane, não agüentando mais a representação, deixou-se cair ao lado de Joana desdobrada. As duas entidades aproximaram-se, e vi quando um forte grito partiu da boca de Joana, que neste momento perdeu completamente as forças, deixando-se vencer pelo magnetismo das entidades diabólicas. Tudo isso se passava diante de mim sem que pudesse fazer alguma coisa, pois aguardava o retorno de Ernesto. A minha presença não era notada pelos espíritos, devido à diferença de nossas vibrações. Vibrávamos em dimensões diferentes.

Joana foi conduzida para dentro do prédio juntamente com Adriane, que aos poucos se transformava diante dos olhos excessivamente abertos de sua companheira. Acompanhei-as para dentro do novo ambiente. O que vi desafiava minha própria imaginação.

Um salão circular abrigava vários aparelhos, compondo o cenário de um moderno laboratório, contrastando com a arquitetura medieval. Para ali foram conduzidos os espíritos desdobrados de Joana e Adriane, que a essa altura parecia totalmente demente, abatida e desfigurada. Perto de uma maca estavam de pé quatro espíritos, vestidos de túnicas que arrastavam penosamente sobre o chão daquele laboratório estranho. Não conhecia nenhuma daquelas aparelhagens, mas sabia que não eram utilizadas para o bem. O ambiente era iluminado por uma luz amarelada, que formava estranhos contrastes com as sombras dos objetos projetadas no salão circular. As entidades perversas movimentavam-se lentamente, penosamente, carregando nas mãos algo que se assemelhava a instrumentos médicos.

Estava montado todo o cenário do pesadelo de Joana, que neste momento era conduzida para uma das macas, onde seria submetida a uma cirurgia em seu corpo espiritual. Eu esperava o momento em que Joana, mesmo desdobrada, orasse em busca de socorro superior, o que favoreceria alguma ação de minha parte. Ocorre que Joana, na vida cotidiana, não havia desenvolvido o hábito de orar. Agora, vivendo o seu pesadelo, desdobrada em outra dimensão da vida, não orava, apenas se debatia entre o medo e o desespero, naturalmente transmitindo para o corpo físico, que repousava na clínica, as impressões descontroladas do seu espírito.

Uma das entidades aproximou-se de Joana e falou, com

expressões grotescas:

— Agora é a hora do ajuste de contas com a megera. Adriane serviu como isca a fim de que a trouxéssemos para o nosso reduto.

— Sim — falou outro espírito. — É hora de substituirmos o implante no perispírito de Joana. Creio que o estágio dela nessa tal clínica diminuiu a nossa ação sobre o seu espírito. Com o novo aparelho que implantaremos em seu corpo espiritual, aumentaremos o seu desejo e a dependência pelas drogas.

— Não tem como fugir de nossa organização — falou novamente a infeliz entidade. — No passado, ela se comprometeu conosco e tentou fugir várias vezes de nossa falange. Não adianta se refugiar num corpo físico. Configuramos o aparelho parasita de tal forma que despertará em sua mente imagens desesperadoras. Com certeza, após causar muitos estragos na vida de outras pessoas, ela será levada ao suicídio.

— Sim; aí ela será definitivamente nossa.

As entidades infelizes esboçaram uma caricatura de riso, mas não conseguiram ir além de uma careta. Tentariam realizar um implante em Joana e, para isso, já estavam tirando o implante anterior, que deveria ser substituído pelo novo aparelho parasita.

Eu não sabia o que fazer para deter o processo. Orei intensamente, pedindo ajuda e tentando me comunicar com Ernesto. Nesse momento, intenso tremor pareceu abalar a estrutura do castelo do terror, exatamente quando um dos espíritos retirava o estranho aparelho do psicossoma de Joana e já se preparava para colocar o outro. O tremor parecia aumentar cada vez mais, abalando os aparelhos e demais instrumentos do sinistro laboratório. As entidades, apavoradas, tentavam a todo custo salvar aquele lugar, quando Ernesto foi entrando no ambiente, trazendo ao seu lado o pastor da comunidade evangélica da qual fazia parte Altina, a mãe de Joana. O pastor, desdobrado, atuava como médium de Ernesto, que, retirando o ectoplasma do evangélico, interferia diretamente na ação do mal. Em meio ao tumulto, causado pelos diversos tremores que sacudiam o local, o instrutor Ernesto parou por um momento, concentrando-se, e se fez visível por instantes, para aquelas entidades desesperadas. Irradiando intensa luz do seu plexo solar e do seu coração, Ernesto parecia estar ligado por fios dourados ao espírito desdobrado do pastor, que, levantando as mãos sobre Joana, ministrou-lhe um passe magnético.

Por toda a estranha edificação se ouvia um coro. Era um hino que estava sendo cantado na igreja, que neste momento realizava um culto, uma vigília, para libertar Joana das drogas e das garras do inimigo ou do demônio, como acreditavam.

Castelo forte é o nosso Deus
Espada e bom escudo

E se vacila um filho seu
Envia a sua ajuda.
Destrói o perspicaz
Ardil de Satanás
Com artimanhas tais
E astúcias tão cruéis
Que igual não há na Terra.
Se a nós quiserem devorar
Um tal poder com seu ardil
Jamais nos podem assombrar
O tal cruel demônio vil.
Satã, o tentador e vil acusador
Jamais nos vencerá
Pois foi vencido já,
Ali na cruz do Salvador.

Ouvíamos todos o hino cantado a plenos pulmões pelos evangélicos que se reuniam em oração, tentando a libertação de Joana dos vícios que a dominavam. Na verdade, os companheiros evangélicos nem suspeitavam o que ocorria naquelas regiões do plano extrafísico. Porém, o magnetismo de suas vibrações foi tão intenso que o mentor Ernesto o aproveitou para interferir diretamente na situação, libertando o espírito desdobrado de Joana da ação das entidades das trevas.

— Ela é protegida, ela é protegida! — gritava desesperada uma entidade, ao avistar a presença luminosa de Ernesto.

— Fujamos, são os filhos do Cordeiro, não podemos fazer nada mais…

Os espíritos do mal saíram correndo, enquanto eu me dirigia à maca e retirava Joana da prisão extrafísica.

O pastor, embora desdobrado, parecia guardar lucidez do que ocorria em nosso plano. Aproximou-se de Joana e, vendo-me ao seu lado, naturalmente interpretou a presença de Ernesto e a minha como sendo a interferência de anjos de Deus, enviados para espantar a força maligna. Mais tarde declararia na igreja, para a admiração dos crentes, que fora arrebatado pelo Espírito Santo e vira coisas maravilhosas, operadas pelas mãos do Senhor e pelos seus anjos, para a libertação da filha da irmã Altina.

Não importa, para nós, como seja a interpretação da nossa ação. O importante é que a pequena comunidade evangélica auxiliou com seu magnetismo espiritual, e Ernesto, aproveitando a oportunidade, conseguiu libertar Joana.

Enquanto eu conduzia o espírito desdobrado de Joana para o corpo físico, Ernesto, tomando Adriane em seus braços, já desfalecida, a conduzia para uma reunião espírita que ocorria naquele momento. Ela necessitava de um choque anímico, a fim de que despertasse da hipnose e fosse auxiliada.

Quando reconduzi o espírito de Joana para o corpo, ela abriu os olhos gritando por socorro e se debatendo, acordando do pesadelo em que se encontrava. Lembrando os clamores de sua mãe, gritava com toda a força de sua alma:

— O sangue de Jesus tem poder! O sangue de Jesus tem poder! *Vade retro*, Satanás... afasta de mim...

Os companheiros da clínica corriam para ver o que causara tamanho escândalo. Mas, apesar de tanta trovoada, a tempestade já havia passado.

Terapia espiritual

Eu procurava Deus em qualquer parte, em toda parte.

8

Naquela noite, após conduzir Joana espírito para o corpo físico, reintegrando o espírito desdobrado ao corpo que repousava, fomos em direção a um agrupamento de companheiros espíritas rogar auxílio para o caso. Adentramos o ambiente de uma singela casa na Vila Belém, onde se reuniam oito companheiros encarnados, estudando *O Evangelho segundo o espiritismo*. O ambiente familiar demonstrava a serenidade de regiões mais elevadas. Em nossa dimensão, seis entidades participavam do culto no lar, além dos mentores responsáveis por cada um dos presentes.

Imediatamente Ernesto e eu fomos identificados pela vidência de uma companheira, a dona da casa, senhora sexagenária que coordenava os estudos da noite. Sentimo-nos em casa.

Quando terminaram os comentários a respeito das lições da noite, os amigos encarnados prepararam-se para a prece final. De nossa parte, procuramos o mentor da reunião e transmitimos a ele a nossa preocupação quanto ao caso de Joana. Este, prestimoso, nos auxiliou junto ao grupo familiar do Evangelho.

Eis que ficou marcado o dia e a hora em que o grupo se reuniria novamente para atender o caso em questão.

— Temos que aproveitar o nosso tempo e agir com urgência, Cássio. Há pouco, as entidades vingativas que atormentam Joana saíram em disparada, ao nos perceberem a presença. Libertamo-la da ação desses infelizes companheiros, mas creio sinceramente que devemos agir com urgência.

— Creio que sim, Ernesto. Sei que você e Ângelo fizeram o melhor por minha filha, mas agora já posso auxiliar mais diretamente. Procuremos agir sem demora.

Dirigimo-nos para o local onde Joana, desdobrada, havia sido aprisionada pelas entidades perversas. Adentramos o antigo castelo, que, agora, parecia desabitado, pois não víamos ali nenhum espírito vândalo. Estranhei o fato de não ver nenhuma das entidades que víramos antes. Cássio, então, quebrando o silêncio, falou:

— Foram-se todos daqui. A presença de vocês espantou os espíritos do mal, e eles retiraram-se para outros sítios. Não podemos deixar essa construção do jeito que está. Corremos o risco de voltarem com mais entidades malévolas e assumirem novamente o lugar, transformando-o num reduto das trevas.

— Teremos que destruir a construção? — perguntei.

— Talvez, talvez — falou Ernesto. — Mas bem que poderíamos aproveitar a construção fluídica de alguma forma. O que acha, Cássio?

— Boa idéia, Ernesto. Sabemos que não é tão fácil erguer e estruturar uma construção assim, no plano extrafísico. É preciso muita energia mental. Entretanto, podemos, quem sabe, aproveitar a construção existente e transformá-la num posto de socorro, que sirva a propósitos do infinito bem.

— Mas isto aqui não era um posto dos espíritos das trevas? Como poderíamos aproveitar tudo isto para o bem?

— A tentativa não é de todo impossível, Ângelo. Também na Crosta ocorrem fatos semelhantes com muita constância — retrucou Cássio. — Veja você que muitas igrejas evangélicas alugam ou compram prédios onde antes funcionavam cinemas especializados em filmes pornográficos, ou outros ambientes onde, antes, havia grave comprometimento moral. Transformam esses ambientes em igrejas e, conforme ensinam em suas religiões, fazem o melhor que podem para a transformação do mundo.

— Cada um faz a sua parte — falou Ernesto. — Cada um faz o que sabe e o que pode. No fim, conforme nos diz o apóstolo Paulo, tudo contribui para o bem daqueles que amam a Deus.

— Mas, no presente caso, como se dará a transformação da construção fluídica, que neste momento aparece à nossa visão espiritual como um castelo sombrio incrustado nesta região sombria? — perguntei, curioso.

Na verdade, desde que voltei ao mundo espiritual sempre vi soberbas construções nos planos superiores ou construções diferentes, estruturadas também em matéria sutil. Mas nunca vira como essas construções eram feitas. Nunca presenciara nenhum espírito agindo diretamente sobre os fluidos dispersos no ambiente extrafísico, moldando-os de tal maneira a formar essas construções que vemos do lado de cá da vida. Minha curiosidade novamente voltava a dominar minhas forças. O assunto era palpitante.

— Neste caso, Ângelo — retornou Ernesto — temos de pedir ajuda ao Alto. Como na Terra, quando se projeta um hospital, um edifício qualquer, é preciso que um arquiteto faça as medições e transforme as idéias num desenho sobre o papel. Aqui também não fugimos a essa necessidade. Existem espíritos experimentados nos projetos de construção fluídica. Os engenheiros e construtores espirituais são espíritos já experimentados no domínio da mente. Através da ideoplastia, trabalham na intimidade daquilo que chamamos moléculas fluídicas, transformando a matéria do nosso plano de maneira a favorecer o nosso trabalho do lado de cá da vida.

— Então, vocês não poderão modificar o ambiente por conta própria, é isso?

— Não, Ângelo. Não podemos. Pelo menos, Cássio e

eu ainda não possuímos recursos para realizar tal proeza. Também, com as atividades que nos esperam, não teríamos tempo para esse tipo de realizações. Nossa tarefa é outra. Ernesto sorriu para mim, indicando-me, de leve, a direção em que se encontrava Cássio, que neste momento parecia concentrado.

— Ele já está passando a sugestão para os espíritos de nossa comunidade — falou Ernesto. — Em breve isto aqui se transformará numa espécie de canteiro de obras do mundo espiritual. Voltaremos mais tarde, Ângelo, e você, com certeza, terá oportunidade de fazer suas anotações e satisfazer sua curiosidade de repórter e escritor.

Ernesto parecia adivinhar os meus pensamentos. Será que eu não conseguiria esconder destes dois companheiros o que pensava?

Fiquei sem resposta dessa vez, pois Cássio veio até nós, convidando-nos a partir imediatamente atrás das entidades infelizes. Antes, porém, Ernesto localizou uma espécie de rastro magnético das entidades. Segundo ele me explicou, é aquilo que na Terra os cientistas chamariam de "radiação de fundo". Todo espírito imprime no ambiente em que se encontra a carga magnética de que é portador. Os fluidos são facilmente impressionáveis e se moldam com extrema plasticidade ao teor energético de cada ser pensante. Neste caso particularmente, as entidades sombrias haviam deixado atrás de si um rastro de energia, de magnetismo, como se suas auras tivessem impregnado o ambiente ao redor.

Seguimos os três pela região inóspita e sombria do plano extrafísico, atravessando pântanos e, às vezes, desertos que se erguiam naquela paisagem árida desta outra dimensão da vida. Estávamos na região que nossos irmãos espíritas chamam de umbral. Para nós, entretanto, não importam os nomes que os encarnados possam dar a esses lugares ou situações que muitas vezes defrontamos do lado de cá da vida. Nossa tarefa é trabalhar e servir, independentemente do vocabulário desta ou daquela religião ou das definições de espíritos e de homens.

Transpusemos o imenso deserto, quando avistamos ao longe uma elevação, para onde nos conduzia o rastro magnético dos espíritos que perseguiam Joana. Ernesto alertou quanto à necessidade de mantermos o pensamento elevado em oração, rogando o auxílio do Alto. Não sabíamos o que iríamos encontrar. Aproximamo-nos da elevação, e pude notar que naquele lugar a paisagem não era a mesma de antes. Árvores ressequidas se erguiam aqui e acolá, em meio a montes de pedras que se espalhavam pelo local, formando um ambiente desolado e triste. Havia muitos espíritos reunidos, como se estivessem recebendo ordens de seu chefe espiritual. Aproximamo-nos lentamente, e pude ver como, um a um, os espíritos foram se retirando, até que apenas um ficou, embora assustado e sem entender nada. Os outros o haviam abandonado na paisagem lúgubre. Estava só, mas sabia que algo diferente estava acontecendo. Ameaçou sair correndo, mas Cássio interferiu, estendendo a mão direita em sua direção. Uma espécie de barreira magnética impediu que a entidade pudesse se retirar. Cássio então falou:

— Este companheiro é o responsável pela perseguição à nossa Joana. Os outros espíritos são apenas serviçais que obedecem às ordens dele. Vejamos o que podemos realizar.

O espírito não podia nos ver, mas sabia que algo diferente estava por acontecer. Sentia com todas as forças de sua alma. Cássio foi se aproximando devagar, com as mãos estendidas em direção ao espírito.

— Quem está aí? São os filhos do Cordeiro? Miseráveis! Não adianta interferir, ela não escapará de minhas mãos. Ela é minha, minha. Não importa se usam a força de vocês, ela sempre me pertencerá.

— Calma, companheiro, calma! — falava Cássio, mesmo sabendo que a infeliz entidade não poderia ouvi-lo.

O ódio que a dominava colocara-a em dimensão diferente da nossa. Embora estivéssemos todos na condição de desencarnados, nossa situação era diferente. Ele, o espírito perseguidor, por seus atos e pensamentos estava vibratoriamente distante de nós. Cássio poderia ter influência sobre ele. Sua condição moral dava-lhe certa ascendência sobre o espírito infeliz. Mas só aos poucos a entidade poderia ser influenciada e, quem sabe, voltaria à razão, reconhecendo o erro em que se encontrava. Ernesto e eu, atentos, auxiliávamos através da oração. A paisagem extrafísica na qual nos encontrávamos parecia transformar-se lentamente. O espírito perseguidor revivia seus sentimentos com intensidade, não conseguindo disfarçar seu rancor e seu ódio contra Joana. Curioso, fiquei imaginando o que estaria por trás de toda essa perseguição. Eu não conseguia entender a razão de tanto ódio, da perseguição e desse processo obsessivo tão intenso.

— As causas se encontram no passado, Ângelo — falou Ernesto. — Somente nas experiências do passado espiritual, arquivadas na memória do espírito, encontraremos a história viva de tantos desafetos e desamores. Observemos o que acontece.

Com a aproximação de Cássio, o espírito, que antes parecia tão imponente, orgulhoso e desejando vingança, ameaçava ruir sobre si mesmo. Abatia-se lentamente. Eu presenciava a transformação lenta da entidade e via que, do coração de Cássio, intensa luz dourada e azulínea irradiava-se ao encontro da entidade. O espírito tentava libertar-se da influência superior, mas era impotente para isso. Aos poucos foi assumindo uma posição diferente. Parecia uma criança medrosa, encolhida perto de uma árvore raquítica. Sua mente parecia delirar ante a influência amiga de Cássio.

— Ele revê seu passado. Observemos — falou novamente o instrutor Ernesto.

Aproximei-me de Cássio e da entidade. Eu nunca vira algo assim, como estava acontecendo com aquele espírito. A simples presença de Cássio parecia haver afetado a memória espiritual do espírito sofredor. O que se passava por dentro dele naquele momento? O que estaria pensando, ou melhor, quais as imagens e qual história se passava na intimidade daquele ser? Como eu gostaria de saber... Quem sabe assim não poderia entender melhor essa estranha perseguição espiritual, o envolvimento de Joana com as drogas durante tantos anos?

Recordações do passado

Mas mesmo na negação eu o buscava. Eu procurava pelo Pai.

9

— Miseráveis, malditos filhos do Cordeiro. Eu me vingarei, juro que me vingarei!

Minha mente vagava pela escuridão. Era estranho. Enquanto aquele homem estendia a mão sobre mim, luz intensa vinha em minha direção. Eu jamais vira algo assim. Ou será que apenas não me lembrava? Não sei dizer direito. Mas era estranho tudo isso. Enquanto a luz de seu peito se refletia sobre mim, eu mesmo, em meu interior, me sentia na escuridão. Trevas, somente trevas, nada mais! Aos poucos uma lenta percepção de algo que se definia vagamente foi se esboçando em minha mente. Essa percepção de coisas e lugares, de vidas e experiências, sensações e emoções, parecia emergir da escuridão de minha alma.

Percebo movimentos. Movimentos incessantes. Tudo em mim parece explodir de dentro para fora. Reconheço vozes, cantos, encantos... Sinto as mãos suadas e a roupa poeirenta. Ouço algo, como se fosse uma roda de carroça rangendo; algo balançando, sem cessar. As vozes se definem, o balanço torna-se real, o tempo se curva sobre si mesmo e me vejo. Como sou bonito! Vejo aquela gente toda, as carroças, as crianças, os velhos e os jovens. Todos eles eu os vejo. Tudo se movimenta, e não sonho mais, eu vivo; eu revejo cada um daqueles rostos e os reconheço. A poeira sobe alto, envolvendo as carroças e os cavalos, que, com tanta sede, parece que a qualquer momento irão desmaiar.

— Jessé! Jessé! Pare a carruagem, pare imediatamente!

Eu já sabia. Meu nome era Jessé. Assim me chamavam, assim eu respondia. A voz que me chamava era de outro rapaz. O nome dele? Ah! Agora sim. Agora tudo clareava para mim.

— O que houve, David? Vamos, fale logo, homem! Por Deus, não podemos parar aqui, no meio deste deserto ingrato... Os cavalos têm sede, as mulheres e as crianças clamam por água, e os nossos homens, todos eles já estão cansados e desanimados. Temos de encontrar um lugar seguro...

— Pare, Jessé, pare todas as carroças e animais. Precisamos nos reunir em círculo imediatamente.

— O que está acontecendo, rapaz? Parece que estamos sob ataque?

David era um rapaz alto e magro. Meu primo. Assim veio a lembrança em minha mente. Ah! Como eu amava

David. Para mim ele era mais do que meu primo. Era o irmão que eu não tivera. Juntos, convencemos a família a sair daquele local de intrigas, de guerras, de traições. Sim, isso mesmo. Jerusalém se transformara num monte de intrigas. As cidades de Judá já não nos interessavam mais.

Reunimos toda a família. Débora e sua família vinham conosco. Eu era solteiro. Era judeu nascido na Macedônia. Aos 12 anos viera com a família para Jerusalém. Mas os tempos eram difíceis. Havia intrigas por toda parte. Os sacerdotes tentavam de tudo para se manterem no poder e, para conservá-lo em suas mãos, não pensavam duas vezes. Matavam, saqueavam e roubavam. Famílias inteiras eram vítimas de suas mentiras.

Foi nesse clima que meu pai, o velho Ozias, nos trouxe de volta a Jerusalém. Mas a desgraça logo se abateu sobre nossa família. Nossa casa, localizada na parte alta da cidade, era causa de inveja a muitos judeus e aos sacerdotes levitas. Desejavam despojar meu pai de seus bens, mas não encontravam ocasião propícia. Foi há pouco tempo que Tito, o general romano, havia invadido a cidade e destruído o sagrado templo. Tudo era tumulto. Mas, mesmo assim, meu pai queria voltar a Jerusalém e morar na cidade sagrada. Agora, porém, nem tão sagrada assim. Degradada seria a palavra correta. Tito passara e despedaçara tudo. Mas justamente aí é que os sacerdotes tentavam se aproveitar da situação para se firmar no poder.

Há algum tempo, diziam, um homem estranho viera da Galiléia. Diziam que ele era profeta e havia profetizado o fim do templo e também havia falado do final dos tempos. Mas ninguém parecia se preocupar com ele; afinal, da Galiléia não vinha nada de bom. Era uma região desprestigiada. Pobres, miseráveis, mendigos, corruptos e ladrões. Era terra sem valor. Só que os sacerdotes não contaram com o fato de que o Galileu tivesse tanto poder assim sobre o povo, sobre a multidão. Estranho poder, o dele. Se dizia o filho de Deus, o rei dos judeus. Ele morreu, diziam. Mas diziam também, os seus seguidores, que ele ressuscitara dos mortos. E o pior de tudo é que por toda parte se viam grupos de seus seguidores. Essa foi a nossa ruína; foi a ruína de nossa família. Dizem que, na época da destruição do templo, os seguidores do Galileu conspiraram, tirando muita gente da cidade santa. Partiram aos montes, em caravanas. Mas depois voltaram. Estavam por aí falando de lendas, milagres e encantos. Parece que toda a Jerusalém estava se rendendo às histórias dos pescadores, dos seguidores do Galileu. Minha mãe foi uma das que se renderam à estranha influência dos seguidores do Galileu. O velho Ozias revoltou-se. Eu me revoltei. Não foi somente porque minha mãe se convertera, não. Era bem mais profunda a minha dor, a minha raiva. Eu não sabia a quem odiar mais. Se aquela gentinha cheia de histórias de milagreiros ou a Miriam. Fora ela o instrumento da nossa desgraça, principalmente da minha, da minha desgraça.

Eu conheci Miriam logo que chegamos a Jerusalém. Ela era bela, orgulhosa, uma menina-mulher. Eu, apenas um garoto, mal entrando na mocidade, mas literalmente encantado pelos trejeitos de Miriam. Com o passar dos anos, o encanto de adolescente se transformou no desejo do jovem, do homem. E Miriam mantinha-se distante, provocando-me. Eu estava rendido pelos encantos e pelas curvas do seu corpo de mulher. As mulheres sempre me fascinaram. Mas Miriam guardava algo especial e tocava-me de forma também especial.

Mas ela era como uma gazela arisca. Orgulhosa como ela só e desejosa de fazer fortuna, de fama.

— Ora, Jessé, você não poderá me oferecer aquilo que eu mais desejo neste mundo.

— Fale-me, Miriam, fale-me o que deseja e lhe darei o mundo. Qualquer coisa que desejar.

— Seu bobo, você não consegue imaginar o que se passa na cabeça de uma mulher como eu. Jerusalém está acabada, saqueada, destruída. Não desejo mais nada daqui. Desejo Roma. Isso mesmo, meu destino é a corte de César...

— Mas, Miriam, por que não nos casamos e nos tornamos felizes ao lado um do outro, conforme as tradições do nosso povo?

— Idiota! Eu não nasci para isso. Quero o mundo, não a tradição. Desejo o ouro, e não a Torá. Vejo-me em Roma, e não nos pátios destruídos do templo. Sou nascida para mandar nos homens, e não para me submeter a eles.

Miriam estava louca pelo poder, pelo dinheiro, pelo ouro. E eu, pobre coitado, poderia ter aos meus pés qualquer mulher, qualquer uma, menos Miriam. Eu era alto, belo, com os cabelos acobreados. Herdara de meus avós, nascidos na Iduméia, os olhos azuis que fascinavam as mulheres de todo lugar. Mas eu mesmo, miserável de mim... estava fascinado pelos encantos de Miriam. Mas ela era dada às intrigas dos sacerdotes; queria tirar partido de tudo.

Minha velha mãe, conhecida como Adab, era nascida em Filipos. Embora judia, não esperava muita coisa do povo judeu. Era uma visionária. Coitada da velha Adab. Esperava um mundo novo, um novo sistema de coisas, e foi exatamente esse tipo de pensamento que a perdeu. Desejava um mundo diferente; conforme ela dizia, os judeus e suas crenças já não a satisfaziam. Queria algo novo, diferente. Foi assim que minha mãe, a velha Adab, preparou-se intimamente para aceitar as crenças dos seguidores do Galileu. Certo dia, quando ela se dirigia ao mercado da cidade, ouviu um daqueles convertidos falar de suas crenças. A velha Adab, minha mãe, curiosa como todas as mulheres, se deixou arrastar pela multidão e foi-se entre os novos conversos. Junto com ela se foram os nossos dias de sossego. A velha Adab deixara-se conquistar por aquelas idéias loucas, absurdas, histórias de pescadores e pecadores.

Uma perseguição sem igual se abateu sobre os seguidores do Galileu. Não sei que poder tinha aquele homem que, mesmo depois de morto, a multidão seguia; aliás, seguia sua idéia, seus sonhos e suas promessas. A perseguição aumentou, e os sacerdotes e os príncipes do povo prometiam ouro e prata, somas principescas, para quem entregasse os cristãos, os convertidos do Caminho. Assim eles se chamavam.

Ozias, o meu pai, tentou todos os recursos para tirar a velha Adab daquela loucura, mas foi em vão. Nossa família passou a viver um pesadelo. O medo dos sacerdotes e dos romanos agora rondava a nossa família, e tudo, tudo o que construímos ameaçava ruir devido à nossa velha mãe e às suas crenças absurdas.

Foi aí que Miriam entrou, sendo o pivô de toda a intriga que destruiu nossos sonhos. Tentamos esconder minha mãe até mesmo de Miriam, mas ela era faceira, conhecia nossos mínimos pensamentos. Diziam por aí que Miriam se envolvera com uma bruxa, uma feiticeira da Ásia, que lhe ensinara a fazer beberagens. Creio que foi uma dessas suas fórmulas diabólicas que ela me deu.

Eu estava louco, apaixonado por Miriam. E ela sabia disso. Sabia e tirava o máximo proveito da situação. Assim, ela foi se insinuando em nossa família; tentava a todo custo obter alguma informação que lhe rendesse crédito junto aos sacerdotes e aos espiões de Roma. Foi a minha perdição.

A nossa perdição.

Embriagado pela visão da mulher de meus sonhos, troquei o segredo de nossa família, a conversão da velha Adab, minha mãe, por alguns momentos de amor, entre as sedas e os perfumes de Miriam. Ela viu aí a oportunidade que tanto desejara. Não pensou muito e entregou a velha Adab para o Sumo Sacerdote e os dignitários romanos. Foi a desgraça. Adab foi capturada, nossos bens confiscados, e, após uma semana de torturas intensas, a velha Adab fechou os olhos para sempre. Vimos nossos castelos de sonhos desmoronar. Ozias, o meu pai, parecia enlouquecer. Tanto ele como meus tios foram presos pela guarda dos sacerdotes.

Fugi feito louco, mas não queria acreditar que Miriam fosse a causa de nossa miséria. Ela me encontrou junto com David, o meu primo, e mais uma vez me rendi aos seus encantos. Prometendo ajuda, ela me fez revelar o paradeiro do resto da família, que se escondera numa das aldeias da Samaria. Tarde eu acordei para a desgraça. Miriam entregou a todos, e fui obrigado a fugir com David para terras distantes. Foi somente graças à reputação de meu pai e a algumas amizades que fizera que ele escapou de ser morto. Com muito jeito ele conseguiu fugir, e nos juntamos, toda a família, numa caravana que partia rumo a outras terras.

Dentro de mim ficou a marca registrada de meu encontro com Miriam. A traição, a revolta, a paixão, a dor e o ódio, misturados num sentimento inominável. Este sou eu, o filho da miséria e da dor...

À medida que o elevado mentor estendia suas mãos sobre a cabeça da entidade revoltada e aflita, a memória espiritual parecia trazer à tona o extrato de suas experiências pretéritas. O fenômeno era natural, e, ao que me parecia, a presença de Cássio ao lado de Jessé, o perseguidor de Joana, ajudava a despertar as mais recônditas lembranças do espírito obsessor.

Eu a vi novamente, por diversas vezes nos encontramos em outras ocasiões. Muitas e muitas vezes cruzamos nossos passos nas estradas da vida. Miriam retornou, e eu também.

Ela foi a cigana maldita que me conquistou o coração e destruiu logo após a minha vida. Sim! Isso foi depois, muito depois, lá na Boêmia. Mais tarde ela retornou à Terra na pessoa de Elácides, na antiga Bretanha, e eu novamente me vi seduzido pelos seus encantos e deixei-me arrastar pelos olhos cor de mel daquela que tantas vezes foi a minha ruína.

E mesmo aí, com tantas dores e sofrimentos, vi-me rodeado pelo carinho de Adab, que também me acompanhava nesta jornada secular. Ora minha mãe, ora amiga e companheira de tormentos, Adab era a única esperança para meu infortunado coração sofredor. Mas há muito tempo que eu não via Adab. Aliás, desde que o ódio se instalou definitivamente dentro de mim. Desde que eu reconheci Miriam, Elácides, Palmira e Lucrécia, escondidas todas elas na roupa desgraçada de Joana. Ela pensava que iria se esconder de mim. Não mesmo!

Não adianta ela se disfarçar de Joana, pois agora serei eu o autor da desgraça dela.

Contratei outros espíritos para se aliarem a mim, em meu desejo de vingança. Prometi a eles a própria Joana. Eu mesmo a entregarei em suas mãos, para extraírem dela a última gota de seus fluidos; para que suguem as últimas reservas de energia que lhe restem. Eu apenas assistirei, rindo gostosamente de sua miséria, e ela verá, ela sentirá na pele a própria infelicidade da qual me viu lamentar por tanto tempo...

Cássio aproximava-se cada vez mais do companheiro cego de vingança. Em determinado momento se deteve, retirou suas mãos de sobre a cabeça do espírito vingador, como se interrompendo as lembranças do passado que eclodiam na mente da entidade perseguidora, e orou.

Neste momento presenciei algo que era um misto de divino e maravilhoso. Cássio transubstanciava-se ante nossa presença. E mais: enquanto acontecia o fenômeno, quando

Cássio orava, o espírito perseguidor de Joana caía ao solo, afetado pela visão que se fazia presente ao seu lado.

Cássio parecia diluir-se em névoas luminosas e evaporar-se em meio às cintilações de estrelas que provinham de sua alma já experimentada.

As feições de Cássio foram aos poucos se modificando ante a nossa visão espiritual. Assumia agora a forma feminina; uma mulher que aparentava mais ou menos 50 anos de idade, igualmente envolvida em intensa luz. As vestes lembravam as vestimentas simples dos tempos recuados da Judéia. Sobre a cabeça, um manto cobria-lhe agora os cabelos esbranquiçados, e os olhos refletiam talvez a tranqüilidade das águas do Jordão. Era Adab, a velha Adab das recordações do companheiro infeliz.

— Meu filho, por que tanto ódio e sentimento de vingança em teu coração? — começou a falar Cássio, sob a aparência da velha judia. — Não posso acreditar, meu filho, que dentro de ti possa ter se instalado tanto ódio, quando já vivemos juntos tantos momentos de amor...

Enquanto Adab falava, achegando-se ao perseguidor de Joana, o espírito revoltado perdia as forças, vencido pela manifestação de amor. Parecia-me que o obsessor deixara-se cair nos braços de Adab, que agora o aconchegava ao colo, como uma mãe prestimosa. Lágrimas desciam do rosto de Adab, que segurava o espírito entre seus braços, com imensa demonstração de carinho.

Era a vitória do amor sobre o ódio, da luz sobre as trevas.

Adab prosseguiu:

— Filho amado, venho acompanhando teus passos e abrigando-te em meu coração por longo tempo. Sei que não podes me ver, meu filho, mas com certeza poderás sentir minha presença acariciando-te como a brisa que um dia soprou sobre nós nas terras abençoadas de nosso povo.

"Não compensa o ódio, meu filho. Quando fazes alguém sofrer, igualmente sofres e projetas a dor sobre outras pessoas que são queridas por ti.

"Vês a Joana? A nossa Joana? Eu a abriguei em meus braços como filha querida, nesta última existência em que ela sofre a tua perseguição. Mudei apenas de corpo, meu filho, mas continuo por dentro a mesma alma feminina que um dia aprendeste a amar como a tua velha mãe Adab. Vês a mãe de Joana, que sofre junto à filha perseguida pelo teu ódio? Na certa não podes ainda identificar em Altina o teu amigo David, reencarnado com a missão de mãe, que tenta recuperar a nossa Joana. Detém-te, meu filho. Não prossigas forjando mais dor para o teu destino. Na Terra e fora dela somos todos inocentes perante a lei divina, e nenhum sentimento de culpa nos é imputado pela divina bondade de Deus.

"Somos nós mesmos os nossos verdugos. Deus não nos condena, meu filho. Tanto Joana como nós somos ainda crianças espirituais, que, errando, tentamos acertar os passos nos caminhos que nos levam ao Pai."

Adab prosseguia falando ao coração do espírito, tocando-lhe com profundidade a alma doente. Ao nosso redor, o ambiente espiritual parecia refletir o sentimento elevado do momento. Presenciei um fato extraordinário naquele local. À medida que Adab ia falando ao coração de seu filho, os fluidos da paisagem espiritual na qual nos encontrávamos iam se modificando e transformando-se lentamente num ambiente mais agradável. Flores perfumosas surgiam aqui e ali como fruto dos sentimentos de Adab, que se irradiavam por toda parte.

Ernesto, observando a minha curiosidade, esclareceu-me:

— Cada espírito forja em torno de si o próprio inferno ou cria o seu céu de conformidade com seus sentimentos e com a vibração de sua alma. Como o perseguidor de Joana se demorava em pensamentos de vingança, alimentados por sentimentos e emoções descontroladas, os fluidos à sua volta plasmaram o ambiente desolado que vimos anteriormente. Cássio, ou melhor, Adab, revivendo os pensamentos de amor em relação ao filho querido, anulou a força mental inferior que modelou o ambiente astralino, e, através da ideoplastia, do magnetismo superior de seu espírito, presenciamos a transformação lenta da paisagem espiritual à nossa volta.

— Então, o companheiro Cássio é na verdade a mesma Adab da antiga Judéia, que reencarnou como o pai de Joana?

— Sim, perfeitamente. E não estranhe, Ângelo, pelo fato de um espírito que antes se revestiu de um corpo físico de determinado sexo apresentar-se em próxima encarnação em outro corpo, com sexo diferente. A questão da escolha do sexo relaciona-se às necessidades evolutivas do espírito. Havendo necessidade, o espírito troca de sexo em reencarnações futuras, de acordo com as experiências pelas quais tenha de passar. Como vê neste caso, David, o companheiro do perseguidor de Joana, da época recuada da Judéia, renasce agora como Altina Gomides, e a velha Adab, que no passado foi a mãe do infeliz companheiro e vítima das intrigas e falsidades de Miriam, retorna ao palco das experiências físicas como Cássio. Juntos abrigam no coração o espírito endividado de Miriam, que também foi, em outra encarnação, Efigênia, a filha de Henriqueta, e ambos faziam parte de minha família.

"Como pode observar, David, conforme as recordações do perseguidor desencarnado, não assumiu o corpo feminino apenas uma vez. Antes que ele fosse Altina Gomides, vivemos juntos no passado, quando ele assumiu a forma de Henriqueta. Miriam, por sua vez, foi a minha irmã querida nessa existência a que me referi, assumindo o nome de Efigênia."

— E você, então, nesta história toda...

— Eu sou a reencarnação do antigo marido de Adab, o velho Ozias; no passado distante, tive a felicidade de ser o pai de Jessé, o atual perseguidor de Joana. A história se fechou. Encontramo-nos juntos novamente após tantos séculos de lutas e sofrimentos. Entre nós, Cássio foi o que mais soube aproveitar as oportunidades que a vida nos concedeu, e hoje é o que reúne mais condições de auxiliar Joana.

Fiquei perplexo diante de tudo o que ouvia. Imaginei como a história de nossas vidas se interligava por fios invisíveis que, ao longo do tempo, iriam se definindo nas experiências que deveríamos vivenciar.

O instrutor Ernesto convidou-me a silenciar e contribuir para que o momento que vivíamos pudesse ser aproveitado ao máximo.

Adab, ou Cássio, continuou falando baixinho, enquanto Jessé, o perseguidor de Joana, jazia abatido sobre os braços da veneranda entidade. Não havia como resistir à força do amor. O ódio de Jessé contra Miriam/Joana não resistia tanto assim que pudesse se opor ao magnetismo amoroso de Adab.

Embora o espírito perseguidor não pudesse registrar a nossa presença, e principalmente a presença de Adab, ele registrava os sentimentos, enquanto os pensamentos de Adab eram recebidos em forma de intuição.

— Mãe, minha mãe... Socorre-me, pelo amor de Deus...

Jessé, o perseguidor de Joana, não mais podia resistir. A força do amor vencera suas últimas resistências.

— Socorre-me, pelo amor de Deus...

Os gritos e soluços do companheiro infeliz sensibilizaram a nossa alma ao máximo. Lágrimas desciam de nossos olhos quando vi Ernesto se aproximar de Adab, auxiliando-a mais intensamente na tarefa de resgate daquela alma equivocada.

Com passes magnéticos, Ernesto fez com que o espírito adormecesse nos braços de Adab. As lágrimas desciam dos olhos de ambos. Para mim, que observava o desfecho daquela história, as lágrimas daqueles espíritos assemelhavam-se a orvalhos de luz que suavizavam as dores daquela alma rebelde.

Não tive como conter as emoções de minha alma. A paisagem espiritual diluía-se em luz enquanto Adab retomava a forma espiritual de Cássio, dando por encerrada aquela etapa da história daquelas vidas.

A visita de Paulo

Comecei a entender que, em todo aquele tempo aparentemente perdido, apenas procurava pelas pegadas de Jesus.

10

Os dias passaram velozes sobre esses acontecimentos. Encontramos novamente a pupila de Ernesto, a mãe de Joana, entretida entre os cânticos de louvor e os afazeres domésticos. Altina Gomides dedicava-se às tarefas do lar, mas conservava a imagem da filha impressa na memória. Como mãe, não podia ignorar a situação de urgência em que se encontrava a sua Joana. Sofria calada, mas esperançosa. Afinal, na igreja que freqüentava, o pastor convocara uma equipe de fiéis que se reuniam constantemente em oração. Faziam uma vigília, uma noite toda de leituras da *Bíblia*, cânticos de hinos e salmos, dedicada à recuperação de Joana.

Entretanto, Altina permanecia com algumas preocupações próprias de mãe, acrescidas de algumas dúvidas a respeito dos recursos oferecidos por amigos para a recuperação da filha.

— Ah! Meu Pai amado, não sei se fiz bem em aceitar a ajuda do Seu Paulo e do Seu Anastácio. São tantas coisas na cabeça da gente que, confesso — pensava Altina Gomides —, não sei se fiz certo aceitando auxílio de alguém que não é evangélico. Mas também eu não tinha nenhuma saída.

Altina justificava-se intimamente pelo fato de recorrer ao auxílio de Anastácio e também por saber da religião de Paulo, o benfeitor de sua filha.

— Ele é espírita! — pensava a respeito de Paulo. — Valha-me, Deus! O sangue de Jesus tem poder! Nem sei o que é pior para mim, se é ver minha filha sofrer ou saber que ela corre algum risco sendo tratada numa clínica espírita. Tomara que o pastor não me pergunte nada a respeito.

Com os pensamentos conturbados, a pobre mãe continuou seus afazeres domésticos, cantando hinos de louvor e gratidão a Deus. Ela não pensava assim por ser inimiga dos espíritas. Ocorre que não tinha idéia formada a respeito do espiritismo, a não ser as informações que lhe eram transmitidas pelos pastores e missionários de sua pequena comunidade religiosa. Para eles, o espiritismo era obra do demônio, e os espíritos, o próprio diabo disfarçado.

Altina tentou ficar livre desses pensamentos e distrair-se nos trabalhos que tinha a realizar.

Subitamente, sentiu que não estava sozinha em casa. Algo ou alguém a espreitava. A princípio julgou que era apenas imaginação sua, já que antes estava pensando a respeito de certas coisas estranhas, como seja o espiritismo...

Dirigiu-se então para o pequeno quarto de dormir, quando sentiu que alguma coisa a tocou no ombro direito. Seus cabelos se eriçaram.

— O sangue de Jesus tem poder!

Começou a entoar hinos cada vez mais alto, tentando disfarçar o nervosismo. Nesse clima de mistério que a envolvia, resolveu parar com os cânticos e ler um comentário bíblico, uma passagem do Livro Sagrado.

Fechou os olhos como que em oração e, abrindo o livro ao acaso, deparou com o livro dos *Atos dos apóstolos*, no capítulo 2, quando Pedro e os demais apóstolos recebem os dons do espírito.

Se Altina pudesse dilatar a sua visão naquele momento e penetrar a outra realidade da vida, veria que, ao seu lado, um espírito amigo a induzia na escolha do texto sagrado. Não era o acaso que a levara a abrir a *Bíblia* exatamente naquele livro e capítulo.

Terminada a leitura do texto, Altina pronunciou sentida prece, rogando a Deus a bênção para o seu lar.

Eis que, novamente, sentiu uma mão tocar-lhe a face suavemente, desta vez mais lentamente. O coração da mulher disparou, a pulsação alcançou um ritmo acelerado, e ela parecia desfalecer, sentindo as forças a abandonarem. Continuou a orar a Deus, entre o medo do invisível e a vontade louca de sair correndo. Conteve a custo o grito que já se esboçava em sua boca.

A situação se suavizou um pouco, e ela alcançou maior equilíbrio. Levantou-se e dirigiu-se à porta que levava para a rua. Ensaiou sair de casa e, então, ouviu um sussurro atrás de si.

— Tina, minha Tina! Sou eu, o Cássio.

Altina pára como que petrificada.

Não pode ser. Cássio já morreu. O seu Cássio, o pai de Joana e companheiro dileto do seu coração, agora repousava no paraíso, esperando a ressurreição no dia final, quando Jesus voltasse nas nuvens do céu.

Ela não conseguia movimentar-se direito. Suas pernas recusavam-se a lhe obedecer. Sentiu o sangue congelar em suas veias.

Como gostaria de ver o seu Cássio. Como seria bom abraçar novamente aquele que fora um exemplo de cristão, de marido e pai.

— Mas, assim, não! Deus me livre. Jesus me salve!

— Tina, minha Tina, não tenha medo. Sou eu...

A voz teimava em lhe falar. Agora ela tinha certeza. Só o seu Cássio a chamava assim, de "minha Tina". Mas ele estava morto, no paraíso...

Altina tentou virar-se lentamente, e o que viu fez com que ela sentisse a vida abandonar o seu corpo cansado. Jamais imaginaria que algum dia veria um espírito. E jamais pensaria que, se isso ocorresse, seria justamente o espírito do seu querido Cássio.

Suspensa a uns 30 centímetros do chão, pairava a forma de um homem de mais ou menos 50 anos de idade. Vestindo um terno impecavelmente branco, trazia nas mãos um buquê de flores pequeninas e, aberto, um livro do qual irradiava intensa luz.

— Sou o Cássio, minha Tina, estou aqui para ampará-la e inspirá-la, em nome de Nosso Senhor Jesus Cristo — falou o espírito. E, em nome de Nosso Senhor Jesus Cristo, Altina desmaiou ali mesmo, entre a manifestação de seu antigo companheiro e as últimas palavras que conseguiu balbuciar:

— Oh! glórias, glórias, aleluia...

Havia algum tempo que Anastácio e Paulo batiam palmas, chamando à porta da pequena casa onde morava Altina Gomides. Chamavam em voz alta, despertando a atenção de uma vizinha, que se mostrava curiosa quanto a tudo o que acontecia na vizinhança.

— Moço, moço! — chamava a berros a vizinha. — Se mal pergunto, por acaso vocês querem saber da D. Altina?

E sem esperar a resposta dos visitantes, a mulher foi logo acrescentando:

— Ela está aí, sim. Agora mesmo eu a vi cantando tão alto que parece que queria converter o mundo inteiro. Vocês sabem, não é? Esse povinho crente chateia a gente com essa cantoria o dia todo. Ah! Vocês sabem da última? Dizem que Joana, aquela, a filha da Altina... está doida! Doidinha varrida. E também que está internada no pinel. Coitada, a mãe nem de longe liga pra ela...

— Minha senhora, por favor! — interferiu Anastácio. — Nós só queremos falar com D. Altina, só isso.

— Ah! Eu tô reconhecendo o senhor. Tô sim.

A mulher saiu correndo de casa, segurando uma vassoura na mão direita, e dirigiu-se a Anastácio, falando sem parar:

— O senhor é o moço lá da padaria, não é? Aposto que veio aqui cobrar da crente o dinheiro que ela deve ao senhor.

E, virando-se para Paulo, o amigo e benfeitor da família, disse, sem se preocupar muito com o que falava:

— Meu Deus do céu, que moço bonito é o senhor. Aposto que é um irmão lá da igreja de D. Altina. Acertei, não é mesmo?

E arrumando os cabelos, balançando-se toda, começou a gritar para dentro da casa de Altina:

— D. Altina, D. Altina... vem logo, tem visita pra senhora!

Voltando-se para os dois visitantes, que a essa altura estavam sem saber o que fazer com a situação constrangedora, falou, modificando o tom de voz:

— Aposto como ela está fingindo que não ouve. Tem gente que faz de tudo pra não pagar o que deve. Mas deixa comigo, eu faço ela vir loguinho, loguinho. Al... tinn... naaa! Altina, minha filha, é notícia de sua Joana, vem logo, sua boba...

Paulo e Anastácio resolveram interferir para evitar maiores escândalos. Com muito jeito, convenceram a mulher a se retirar. Quando pensaram que haviam conseguido solucionar o problema da intromissão, a mulher retorna, apressada, e diz para os dois, que ficaram boquiabertos:

— Ah! Eu já ia me esquecendo de me apresentar. Prazer, meu nome é Mariquinha. Sou a melhor amiga de D. Altina e de Joana. Precisando de alguma coisa — falou rebolando — é só pedir.

Saiu a mulher toda saltitante, deixando os dois sem entender nada.

Olhando para Paulo, meio sem graça, Anastácio resolveu dar uma olhada para dentro da casa, pois a porta da rua parecia entreaberta. Se em meio a tanto barulho ninguém atendia à porta, Anastácio julgou que algo não ia bem. Notou uma sombra ou algo parecido, como se alguém estivesse deitado no chão. Falou para Paulo:

— Acho que devemos nos atrever e entrar. Parece que tem alguém deitado no chão. Isso não é comum.

— Vamos logo, Anastácio, não nos demoremos.

Quando os dois passaram pelo portão e se viram no

umbral da porta, entenderam o que se passava. Altina estava estendida, desmaiada. Entraram imediatamente e socorreram a mulher, transportando-a para um sofá.

Aos poucos Altina Gomides foi retornando à realidade, após os cuidados prestados pelos visitantes.

— Me desculpem, vocês. Não sei o que aconteceu. Parece que eu vi o Cássio, e, então, apaguei. Ai, meu Jesus, o que está acontecendo?

Paulo e Anastácio foram informados por Altina do que ocorreu em sua casa, a respeito da visão que tivera e do medo intenso que a dominava.

— Não se preocupe, D. Altina — falou Paulo. — O que lhe aconteceu é algo muito comum, só que, não tendo explicação imediata para o fato, a senhora se assustou.

— Deus me livre disso; eu acho que a minha vida está dando uma reviravolta. Desde que Joana saiu do hospital, no ano passado, têm acontecido coisas estranhas conosco.

— Que é isso, D. Altina? — interferiu Anastácio. — Talvez a senhora esteja muito cansada de toda essa situação com a Joana e, aí, não está agüentando a pressão. Mas, olha bem, devemos ficar felizes, pois a Joana está agora sendo tratada direitinho.

— É isso mesmo, D. Altina — continuou Paulo. — Vim aqui mais o Anastácio para ver se está tudo bem ou se lhe falta alguma coisa. Temos muito ainda a fazer em benefício de Joana. A senhora precisa se fortalecer.

— É, Seu Paulo, mas agora é que estou preocupada mesmo. Depois disso que aconteceu comigo nem sei como dizer ao pastor lá de minha igreja que um espírito apareceu para mim. Tenho medo de que os irmãos da igreja pensem que eu me afastei de Deus.

— Não fique tão apreensiva, D. Altina, tente encarar tudo isso com mais tranqüilidade. O fato de um espírito ter lhe aparecido não significa que terá de mudar de religião.

— Eu nem posso pensar nisso, Seu Paulo, eu nem quero pensar nessa possibilidade. Imagina só, eu, uma serva do Senhor! Fui lavada e banhada no sangue de Jesus e batizada com o fogo do Divino Espírito Santo. Ai, meu Jesus! Isso não pode estar acontecendo comigo. Eu entreguei o meu coração para Jesus…

— É claro, D. Altina, é claro. Eu acho que aqueles que entregam a sua vida a Jesus são protegidos por Ele, que é o Senhor e Mestre de todos nós. Quem sabe o espírito de Cássio não voltou apenas para lhe dizer que tem a permissão de Deus para lhe auxiliar no caso de Joana? Pense nisso.

— Será mesmo, Seu Paulo? Mas ele era crente em Jesus. Como é que um crente, alguém que já morreu, pode voltar assim, me assombrando? Ele é um finado. Defunto, que eu saiba, não retorna de uma hora para outra para atormentar os vivos.

— Será que a senhora não se lembra da *Bíblia*, D. Altina? — perguntou Paulo.

— Que tem isso a ver com a *Bíblia*?

— Se a senhora é uma crente em Jesus e acredita na *Bíblia*, com certeza vai se lembrar que está escrito no Novo Testamento o encontro que Jesus teve com os espíritos de Moisés e Elias, não se lembra?

— Claro que me lembro. Mas Jesus é Jesus. Ele é o Senhor da Glória. Ele pode tudo.

— Mas o Mestre não falou que se nós acreditássemos nele poderíamos realizar as mesmas coisas que ele realizou e muito mais? Ou a senhora não se lembra também desse ensinamento?

— Ora, Seu Paulo, então, sendo o senhor um espírita, também lê a *Bíblia*? Eu pensava que o espiritismo era contra Deus e a *Bíblia*.

— Claro que não, D. Altina — interferiu Anastácio. — Olha que eu tenho até lido um livro que o Paulo me deu de presente e que fala muito mesmo de Jesus. É *O Evangelho segundo os espíritos*.

— *O Evangelho segundo o espiritismo*, Anastácio! Isso mesmo, D. Altina. Temos no espiritismo os ensinamentos de Jesus como sendo o que de mais importante há para as nossas almas. Acreditamos em Jesus e também nos entregamos a ele para conduzir os nossos destinos. Só não acreditamos naquilo que as religiões ensinam a respeito dele.

— Ora essa, Seu Paulo. Agora eu não entendi nadinha de nada.

Sorrindo, Paulo deu uma boa desculpa e ensaiou se retirar juntamente com Anastácio.

— Não se preocupe com isso agora, D. Altina. Não é importante que a senhora compreenda essa questão agora. Temos muito tempo para conversar. Agora, o que importa é que a senhora...

— Al... tinn... naaa! Altina queridinha, adivinha quem é que está chegando...

Era a vizinha, que, não agüentando de curiosidade, invadira a casa para ouvir a conversa.

— Sou eu, Altina. Com licença, vocês. Sou a sua melhor amiga. Ma-ri-qui-nha! Vim trazer aquela xícara de café que você me emprestou naquele dia. Você se lembra, não é?

Os três foram interrompidos abruptamente com a chegada da vizinha, que vinha enriquecer o diálogo com suas profundas observações filosóficas.

— Vocês sabem, não é? Acho que Altina já falou pra vocês que nós duas somos como irmãs. Aliás, irmãs gêmeas, não é, Altina? Olha que eu não sou tão crente assim, como a Altina, mas eu a-do-ro Jesus. Fala com eles, Altina, fala, mulher...

Conversa íntima

Vi-me mais sensível pela experiência do sofrimento.

77

O tempo passou. Os dias em que fiquei internada naquela fazenda, em tratamento, pareciam uma eternidade para mim. Até que o lugar era bonito. A clínica funcionava também como um retiro. Mas as coisas não foram tão fáceis e suaves para mim. Cortar o vício da cocaína e da heroína parecia o diabo. Nunca sofri tanto assim. Eu havia perdido a esperança de ser alguém, algum dia. É possível que, se eu tivesse me esforçado, talvez conseguisse ser alguma coisa na vida.

Mas eu estava ali; internada e recebendo tratamento desse bando de gente estranha. Todo dia era remédio e mais remédio. E aquela psicóloga? Quem ela pensava que era? A revolta me dominara por completo. Eu precisava sair dali. Mas para onde iria?

Resolvi então colocar em evidência meus próprios métodos de me livrar dessas situações difíceis. Transformei-me num problema sério de disciplina lá na clínica. Passei a brigar com os trabalhadores do local. Fazia pouco caso do tratamento e faltava constantemente às visitas à psicóloga. Ninguém conseguia entender a razão da minha rebeldia. Nem mesmo eu.

Com o tempo, porém, fui me cansando de minhas próprias atitudes. Que povinho estranho! Parecia que os tais médicos não desistiam de mim. E aquela mania de fazer orações, de rezar e cantar? Isso de certa forma me lembrava minha mãe e também meu pai.

Engraçado é que de uns tempos para cá comecei a sonhar com papai. Aquela voz mansa me chamando. Nem sei por que estou falando nisso. Até então eu era uma pessoa seca. Não me comovia com nada. Nada ma fazia chorar. Mas em apenas dois meses ali eu abati meu orgulho. Os sonhos com papai se tornaram cada vez mais constantes, só que eu não me lembrava direito dos detalhes.

O que mais me chateava naquele lugar eram os tratamentos de desintoxicação. Nunca bebi tanto líquido em minha vida. Tudo muito natural, para minha infelicidade.

Outras pessoas estavam também internadas ali. Eu não ligava muito para elas. Que se danem, eu pensava. Mas com o tempo fui me sentindo sozinha, e a saudade de mamãe só agora tocava o meu peito. Foi numa dessas noites de inverno, quando eu estava sentada na varanda da casa de dormir, que a saudade bateu mais forte. Aí eu não agüentei e chorei. Não sei quando eu havia chorado antes. Creio que aquele choro foi uma espécie de válvula que se abriu em minha alma. Eu não agüentava mais segurar a barra. Na verdade, eu não me agüentava.

As pessoas que estavam ali comigo se reuniram num canto do extenso salão para cantar e rezar. Eu me conservava afastada. Mas, naquela noite, enquanto eu chorava, as pessoas que participavam do programa de reabilitação junto comigo pareciam se comportar diferente. Eram tão viciadas quanto eu, mas agora pareciam diferentes. Cantavam — e mais: queriam sair dali curadas. E quanto a mim? O que eu queria? Não saberia responder naquele momento.

Desejava apenas chorar. Nada mais. Lágrimas, apenas lágrimas sentidas e mornas desciam dos meus olhos naquela noite. Eu não podia acreditar! Eu, a Joana, estava chorando!

Creio que nem eu mesma acreditaria que alguma força superior tocara meu coração. Minha mãe diria que foi a mão de Deus. Que seja!

Eu fui por muito tempo fria e insensível. Quem me conhecesse não compreenderia o significado das minhas lágrimas. Mas eu tinha que mudar.

Claro que estranhei os meus próprios pensamentos e sentimentos. Parece-me que depois de longo tempo eu estava pensando em mim mesma. Era como se antes eu estivesse hipnotizada, e, agora, liberta de alguma influência estranha que talvez tivesse se apoderado de mim. Não sei ao certo. Mas agora eu me sentia diferente, estranhamente bem, depois das lágrimas derramadas.

De repente, é como se eu ouvisse a voz do meu pai ressoando dentro dos meus pensamentos: "Louvado seja o Senhor!". Ou seria pura imaginação minha?

Aproximava-se o dia em que eu deveria voltar para casa e encarar minha mãe novamente. Como seria isso para mim? Como seria para a mamãe me rever depois de dois meses de separação?

Mas eu precisava, eu desejava me modificar completamente. Por quê? Eu não sei direito, apenas sentia necessidade de retornar para casa e rever minha mãe, tentar recuperar o tempo perdido. Será que era possível?

Lágrimas

Por isso o procurei pelo mundo.

12

Joana recebeu a visita de Paulo na clínica; ele viera para buscá-la e conduzi-la para casa. Ela queria agradecer-lhe, mas, como não estava acostumada com gentilezas, tentou ensaiar algo para dizer. Porém, o orgulho era maior que suas forças. Não conseguiu de imediato.

— Então, como está a nossa Joana, doutor?

— Graças a Deus, parece que a menina se recuperou muito, Paulo.

— Menina? — perguntou Joana. — Acho que vocês estão querendo é ganhar a minha confiança. Basta olhar para mim que qualquer um saberá a minha idade. Não sou mais uma menina.

— Claro que é — respondeu Paulo. — Todos nós somos meninos e meninas. Tanto para nossos pais, quanto para Deus. É só questão de ponto de vista, não é, Dr. Adalberto?

— Claro! Joana, tem dias na vida em que a gente se comporta igual a meninos travessos. Outros dias, outras vezes, nos comportamos igual a meninos bonzinhos. Todos nós estamos brincando de adultos, mas, no fundo, no fundo, somos mesmo é crianças espirituais.

— Bem, mas quero saber mesmo, doutor, é se Joana já está liberada para retornar para casa. Parece-me que ela está completamente renovada.

— Ah! Como eu gostaria de voltar — pensou Joana.

— O que você acha, Joana? — perguntou o médico de plantão, Dr. Adalberto.

— Eu? Acho que já tenho condições de voltar.

— Você acha? — perguntou Paulo.

— É! Eu acho. Na verdade estou muito envergonhada por tanta coisa que andei aprontando. Nem sei como encarar minha mãe depois de tudo...

— Não se preocupe, Joana — falou o médico. — Essa coisa de vergonha não deve ter lugar dentro de nós. Você é muito amada e esperada. Tenho certeza de que sua mãe estará de braços abertos esperando por você. Não acha?

— Não sei, doutor. Não sei mesmo. O senhor nem imagina o que já andei aprontando por aí...

— Ah! mas tenho certeza de que agora você é outra. Isso é o que importa.

— Mas, então, doutor, ela vai ou não vai para casa? — perguntou Paulo.

— Claro que sim. Apenas gostaria de dar algumas recomendações, que, creio, poderão auxiliar muito a nossa Joana. Como você sabe, Joana, aqui nós só trabalhamos com medicamentos naturais e homeopáticos. Portanto, o que vamos indicar para você não é nada diferente daquilo que já experimentou aqui. O mais importante de tudo não é que você tome os medicamentos, apenas. Qualquer remédio que o ser humano ingerir precisa encontrar na pessoa em tratamento uma espécie de ressonância, para que surja o efeito desejado.

— Não entendo, doutor.

— Por exemplo: você alcançou a sua melhora aqui, na fazenda, em nossa clínica, não apenas pelo tratamento de desintoxicação ou pelos medicamentos que você tomou. Com certeza você fez o seu próprio esforço por melhorar intimamente.

— Se eu fiz, doutor, eu nem notei.

— Mas nós notamos, Joana, nós notamos. Veja como você chegou aqui, há dois meses. Estava revoltada, com raiva e repelia a nossa ajuda. Com o tempo, você se integrou com a turma da clínica, com os outros companheiros em tratamento e foi se modificando pouco a pouco. Um mês depois, você já participava do culto no lar, fazia orações e...

— Mas eu não virei espírita por isso. Eu apenas achei bonito o que as pessoas faziam.

— Eu sei, eu sei, Joana. Mas, ouça bem, você se modificou intimamente. Isso você não pode negar. Eu até vi você chorando outro dia...

— Isso foi fraqueza minha, doutor...

— Ou pode ser outra coisa também, não acha?

— Outra coisa? Não entendi!

— Pode ser que você se libertou de algum peso que carregava consigo. Quem sabe, Joana, suas lágrimas representavam a sua fortaleza espiritual?

Paulo ficava calado ouvindo toda a conversa.

— Fortaleza espiritual? Qual nada, foi fraqueza minha, mesmo.

— Não acho que seja isso. Depois das lágrimas derramadas, vem o alívio do coração.

— Isso é verdade, doutor. Até parece que uma represa se rompeu dentro de mim e que as lágrimas me aliviaram por dentro.

— Então? Veja só quanto você se modificou. O importante daqui para frente é que você continue se tratando direitinho. Não deixe que a depressão tome conta de você de maneira alguma. É preciso combater o pessimismo e começar a fase mais difícil de todas, que é a aquisição de valores nobres, acalentando pensamentos felizes e otimistas.

— Isso vai ser difícil, doutor. O senhor sabe um pouco da história de minha vida...

— Claro que não é assim! Você vai conseguir. O passado

não importa, Joana. Agora só depende de você. Olha, eu acho até que você é muito feliz. O Paulo já me falou que sua mãe é evangélica, e aí você já terá elementos de sobra para prosseguir. Com certeza sua mãe deve orar muito. É importante, neste momento, que você participe das orações em família. Você também tem o Paulo, que, com certeza, estará acompanhando de perto o seu caso.

— Então, doutor? — perguntou Paulo. — Ela vai ou não vai embora?

— Claro, claro! Pode arrumar suas coisas, Joana, estaremos esperando aqui por você. Eu passarei ao Paulo as instruções quanto a uma dieta e ao tratamento.

Ficando a sós, enquanto Joana saiu para buscar os seus pertences, os dois aproveitaram o tempo para maiores entendimentos.

— Então, Dr. Adalberto, o que o senhor acha do caso de Joana?

— Bem, eu nem sei como lhe dizer, Paulo; tenho medo de aprofundar mais no assunto...

— Fale, doutor, este é o momento em que podemos falar mais à vontade.

— Claro, Paulo, é claro!

Hesitando um pouco, Adalberto prosseguiu:

— O caso de Joana merece maiores cuidados. Você, por certo, já sabe que ela é vítima de um longo processo de obsessão, não é?

— Sim, doutor. Inclusive já tive a oportunidade de levar o nome dela para as nossas reuniões lá, no centro. Parece-me que o caso vem de séculos de perseguições.

— É até difícil para nós, aqui, na clínica, trabalharmos em processos como este. Não temos ainda condições de reunir médiuns para a tarefa de desobsessão. Embora tenhamos uma orientação espiritual, ainda não possuímos pessoal suficientemente comprometido com esse tipo de tarefa. Resumimos o nosso atendimento às terapias alternativas, aos passes e a orientações morais. Para outras coisas dependemos inteiramente da ajuda de outros companheiros.

— Não se preocupe, doutor, continuarei me interessando pelo caso de Joana.

— Mas não é só isso que me preocupa, Paulo, não é só isso. Como você sabe, a Joana abusou muito da sorte, envolvendo-se com gente da pesada. Mais ainda, ela se expôs demais, usando seringas para injetar as drogas que consumiu.

— O que o senhor quer dizer, doutor? Vamos, pode falar direto.

— Bom, eu acho que não tem como esconder a minha preocupação, Paulo. Joana estava internada aqui, conosco; tivemos de realizar alguns exames. Colhemos a mostra de seu sangue e procedemos à rotina de sempre. Nada de especial. Só que, observando os resultados, vimos que as defesas imunológicas de Joana estavam muito baixas. Aliás, baixas demais, o que nos preocupa bastante.

— Mas isso não é normal no caso dela, doutor?

— Isso não é normal no caso de ninguém, Paulo. No entanto, refiro-me ao fato de que as células de defesa de Joana baixaram além dos limites...

— O que isso quer dizer exatamente, doutor?

— Bom, Paulo, considerando que Joana já teve um comportamento de risco, creio que o melhor mesmo é encaminhá-la para outro médico e realizar exames mais detalhados.

— Quer dizer, HIV?

— Isso mesmo, Paulo. Infelizmente mantenho a suspeita de que Joana se infectou com as picadas, nas rodas de droga a que se entregou no passado.

— Mas isso é só suspeita ou tem algo mais confirmado?

— Por enquanto é só suspeita, mas convém não brincar com o caso.

— Por que vocês não fazem aqui o exame para verificar com mais certeza?

— Não podemos realizar o teste anti-HIV contra a vontade do paciente. E, no caso de Joana, creio que seria melhor outro médico fazer o pedido. Já que ela volta hoje para São Paulo, é melhor conduzi-la urgentemente para novos exames.

— Como devo falar nesse assunto com Joana, doutor? Não sei como me comportar nesse caso.

— Tenha cuidado, Paulo. Joana está numa fase em que necessita de muito cuidado, quando abordarmos certas questões delicadas. Use a intuição. Com certeza, os amigos espirituais o auxiliarão no caso. Quando Joana voltar, eu mesmo tentarei algo que a auxilie. Quem sabe não conseguiremos alguma coisa dela? O importante é que ela deve manter a serenidade e o otimismo, o que, no presente caso, vai requerer muito de você e da família dela.

Mal o médico acabou de falar, Joana foi entrando na sala, carregando sua mala para viagem.

— Deixe que eu a ajude — falou Paulo.

— Não precisa, Paulo, tem pouca coisa, mesmo. Eu dou conta de carregar.

— Creio que agora a gente já pode ir, não é, doutor?

— Um momento, Paulo. Preciso passar algumas coisas para Joana.

— Passar o que, Dr. Adalberto?

— Calma, Joana, é apenas uma prescrição para que você procure um médico lá, em São Paulo.

— Procurar um médico? Eu pensei que era só seguir os conselhos do senhor lá, em casa, mesmo...

— É claro que você poderá se ajudar muito, Joana, conforme nós já conversamos antes. Mas também é preciso que você continue com a orientação médica. Um bom médico poderá lhe ajudar a se recuperar rapidamente.

— Já que não tem jeito, doutor...

— Bom, eu quero que você seja muito feliz e que em breve possa vir nos visitar.

— Eu não sei agradecer direito, doutor...

— Não precisa, Joana, não precisa. Basta tomar conta de você mesma. E você, Paulo — falou Adalberto com um breve piscar do olho esquerdo — procure tomar conta direitinho da Joana.

— Tomarei conta dela pessoalmente, doutor, mas acho que ela já está muito bem, mesmo.

— Cuidem-se, amigos. Cuidem-se!

A conversa terminou ali, enquanto Paulo e Joana partiam rumo à capital. Iriam de ônibus, o que daria tempo para continuarem a conversa. Com certeza, na viagem de volta, ambos poderiam estreitar os laços de amizade. Até aquele momento, Paulo fora o benfeitor de Joana. A partir de então, eles deveriam se aproximar ainda mais. Poderiam conversar, trocar experiências.

Novo nascimento

Todo erro, toda fuga é também uma procura.

13

Minha mãe nunca me havia parecido tão bonita quanto desta vez. Quando desci do ônibus na Barra Funda, não podia imaginar que seria capaz de sentir tanta emoção assim. Os olhos de minha velha mãe pareciam saltar como duas pérolas iluminadas. Lágrimas caíam de nossos olhos. Eu chorava. Chorava sem parar, abraçada com minha mãe. Ela apenas dizia, acariciando meus cabelos: "Louvado seja o nome do Senhor Jesus!". Neste momento, deixei-me arrastar por uma alegria indizível, que me invadiu. Eu tinha uma mãe, e ela me amava, apesar de tudo o que eu aprontei durante a vida toda.

Paulo estava radiante, e nos abraçamos os três. Apenas dois meses haviam se passado longe de mamãe e eu já me sentia outra. Talvez a distância física tenha servido para mim como um choque que me despertou para aquilo que eu nunca antes dera importância. Enquanto nós duas chorávamos, Paulo parecia sorrir. Ele, na verdade, se rejubilava diante das emoções que eu conseguia extravasar pela primeira vez, durante longos e longos anos.

Durante todo o trajeto da viagem de retorno a São Paulo, eu e Paulo falamos muito. Parece que éramos duas maritacas falando o tempo todo. Não conseguíamos parar de falar. Mesmo ali, no terminal da Barra Funda, enquanto toda emoção reprimida em minha vida se extravasava em lágrimas, nos falávamos um com o outro. Falávamos sem palavras, só com o olhar e pelas lágrimas. Isso tudo estava sendo muito bom para mim. Creio que nesse pouco tempo que passei lá na clínica muita coisa se modificou dentro de mim. Será que foi só o tratamento? Não sei dizer direito. Sei apenas que eu nunca me senti assim antes. Nunca senti tanto o afeto de minha mãe e tanta felicidade em revê-la como agora.

Também com o Paulo as coisas aconteciam de forma diferente. Encontrei nele um bom amigo. A viagem de volta serviu como oportunidade para que eu o conhecesse melhor e para que pudesse me abrir pela primeira vez com alguém, sem medo de ser mal-interpretada. Estranho, tudo aquilo. Mas confesso que eu gostava da nova maneira como estava encarando a vida.

Até então eu não conhecia minha mãe direito. Parece-me que, naquele dia, era o início de um período diferente em minha vida. Certo que eu tinha ainda muita coisa a modificar dentro de mim, mas pela primeira vez eu desejava fortemente ser outra mulher.

Chegamos em São Paulo um pouco antes do Natal. Faltavam poucos dias para as comemorações do aniversário de Jesus. Creio que minha mãe, o Paulo e alguns amigos estavam me preparando uma boa surpresa.

Era um Natal diferente para mim. Resolvemos comemorar juntos naquele ano. Foi assim que minha mãe convidou Paulo, Seu Anastácio com a família e o pastor lá da igreja que minha mãe freqüentava. Deixei-me embriagar pelo clima de festa e até andei ensaiando alguns agradecimentos. Quem me conheceu antes, como o Seu Anastácio e os vizinhos, nem conseguia acreditar. Eu estava diferente, mais leve. Era como se um peso tivesse saído de meus ombros.

Naquele Natal as pessoas que me amavam prepararam presentes especiais para mim.

O pastor resolveu cantar um hino de louvor a Deus, que me fez chorar. Ao terminar as orações de louvor e agradecimento, vi minha mãe em êxtase de tanta alegria. Ela, coitada, não podia disfarçar tanta emoção. Abrimos então os presentes. Eram presentes simples, mas eu nunca antes ficara tão alegre por ganhar presentes como naquele Natal. Minha mãe me presenteara com um hinário, em que eu poderia aprender música de louvor e gratidão a Deus. O pastor deu-me uma *Bíblia Sagrada*. Segundo ele, seria a certeza de minha salvação. E Paulo me deu de presente um livro diferente: *O Evangelho segundo o espiritismo*. Vocês nem imaginam como o pastor olhou a minha mãe naquele instante. Paulo disfarçou com um sorriso, e Seu Anastácio salvou a situação, pedindo para todos cantarem uma canção de Natal.

Enquanto todos cantavam, senti-me arrebatada pela melodia e lembrei-me dos velhos tempos de farras. Onde eu estava no Natal passado? Talvez pelas ruas, nas rodas de drogados ou, quem sabe, na prostituição. Na verdade eu deveria estar "adoidada" por aí, conforme dizia no meu antigo vocabulário.

Como o tempo muda a gente! Naquele Natal, eu estava ali com a família, toda sensibilizada diante da manifestação de carinho de tanta gente.

Resolvi me retirar da sala da pequena casa onde eu morava com minha mãe. Entrei para o meu quarto para pensar um pouco. O Natal parece exercer sobre a gente um estranho domínio, um fascínio mesmo. Parece-me que alguém lá em cima, aqui dentro do nosso peito, seja lá onde esse alguém se encontre, aproveita a ocasião festiva das festas natalinas e arrebenta a última muralha, a barreira que por tanto tempo teimamos em manter. O que seria isso? Ainda não estava tão modificada assim a ponto de ter as respostas para todos os meus questionamentos. Sei simplesmente que eu estava sensível, profundamente sensível naquele dia.

Sentei em minha cama, e de repente tudo à minha volta parecia ganhar um novo significado para mim. Eu sentia como se mãos invisíveis estivessem por trás dos acontecimentos, trazendo-me de volta à realidade. Como estava sendo importante para mim aquele convívio familiar, a casinha pequena, os gritos, os escândalos da vizinha, os hinos e orações de minha mãe. Como estava sendo importante para mim o apoio que Paulo estava me dando. Como o próprio Paulo estava sendo importante... Sentia-me especialmente próxima dele naqueles dias.

— Joana, ô Joana? Que faz aí sentada, menina?

— Ah! Paulo, eu já disse para você outro dia que não sou nenhuma menina.

— Eu sei, Joana, mas é o meu jeito de falar. Olha, o pessoal está aí fora, todo mundo alegre e feliz por você. Não fique aí toda recolhida, não. Aproveite a festa e venha se alegrar.

— Não estou triste não, Paulo, é que tudo isso está sendo muito novo para mim. Parece que estou mais sensível estes últimos dias.

— É a magia do Natal. Dizem certos amigos que tenho que nesta época Deus aproveita esta nostalgia que invade a gente e toca mais fundo em nosso coração.

— É, esses amigos seus até que não estão errados, não. Diga-me, Paulo, você fala tanto de amigos que dizem isso, amigos que dizem aquilo...

— Mas é a primeira vez que lhe falo desses amigos, Joana, é só uma forma de expressão.

— Não é, mesmo. E também não é a primeira vez que você me fala assim. Olha que eu também tenho observado você; mas me diga, Paulo, quem são esses amigos que lhe falam tanta coisa bonita assim?

— Veja bem, Joana...

— Nada disso comigo, Paulo; fale-me sem rodeios.

— Já que você quer mesmo saber, os meus amigos, a quem sempre me refiro, são os amigos de Jesus. Só isso — falou Paulo, dando um largo sorriso.

— Você não me engana, rapaz. Não me engana.

Saímos os dois e nos integramos à turma que estava na sala contando as alegrias do Natal.

Para muita gente era apenas mais um Natal, mas para mim era o início de uma vida nova. Era, talvez, o meu novo nascimento.

Também foi naquele dia que tive a coragem de encarar Paulo de uma maneira diferente. Tive a audácia de olhar bem fundo nos olhos dele e notei, pela primeira vez em minha vida, que os olhos de um homem também escondem a beleza do luar.

Shalom

*Mas por todos esses caminhos não
o encontrei, simplesmente porque...*

14

— Veja, Jessé, como Miriam está modificada — falou Adab para o antigo verdugo de Joana. Veja, filho, Miriam agora não é mais a mesma. Olhe estampadas em sua fisionomia as marcas do sofrimento. Observe, Jessé, como ela se modificou com o tempo. Agora ela se utiliza de um novo corpo, meu filho. Ela nos atende com o nome de Joana.

Cássio, modificando a sua aparência perispiritual, revestia a forma da velha Adab, que vivera nas proximidades de Jerusalém, no primeiro século da era cristã. O instrutor Ernesto também vivera àquela época, sob a roupagem física de Ozias, o pai de Jessé, o antigo perseguidor de Joana. Àquela época, a nossa tutelada vivia na Judéia reencarnada como Miriam, a mulher que infelicitara a sua vida através de calúnias e intrigas, arrastando por quase dois mil anos os frutos de sua infelicidade.

Estávamos agora na pequena casa onde se reunia a

família de Joana. Aliás, onde a resumida família encontrava o seu abençoado refúgio. Era Natal, e a alegria e sensibilidade que a comemoração do aniversário de Jesus proporcionava mostrou-se para a nossa equipe espiritual como um momento muito fértil. Conduzimos para aquele ninho doméstico o espírito de Jessé, numa tentativa de reviver nele os sentimentos de outrora, quando ele ainda não se deixara macular pela idéia de vingança.

Ao ver a veneranda figura de Altina, o antigo obsessor identificou no mesmo momento o seu amigo David, com o qual compartilhara no passado muitos momentos de grande felicidade.

— David, então é você? Como pode ser?

— É a lei da vida, meu filho. O seu amigo David resolveu renascer e abraçar Miriam como a sua filha. David assumiu o corpo físico de Altina Gomides para dar oportunidade de renascimento àquela que você perseguia.

— Mas, minha mãe, como isso pôde acontecer? Não entendo...

— Temos muitas coisas a entender ainda, Jessé. Temos muito o que aprender. Veja bem, meu filho, eu mesmo retornei em novo corpo físico para auxiliar a nossa Miriam.

— Como assim, minha mãe?

— Olha para mim, meu filho, a velha Adab; olhe bem.

Concentrado-se, Adab procedeu ao mesmo fenômeno de estruturação das células perispirituais, em sentido inverso. A aparência feminina foi cedendo aos poucos, e uma luz intensa foi irradiando da forma perispiritual de Cássio, que ressurgia aos olhares atentos de Jessé.

— Sou eu mesmo, meu filho. A velha Adab que você ama. Pela lei divina dos renascimentos, eu assumi ao longo dos séculos diversas outras personalidades. Em minha última existência física, fui Cássio, o pai de Miriam, reencarnada como Joana.

— Então todos vocês retornaram por amor a Miriam? Só eu permaneci por tanto tempo preso ao ódio?

— Sim, meu filho, foi o que ocorreu. Mas não nos detenhamos nos fatos passados. Aproveitemos a festa em que comemoramos o aniversário de Jesus e nos renovemos também.

— Mas não foi por causa desse Jesus que Miriam entregou a todos nós no passado?

— Exatamente, meu filho — respondeu Cássio. — Mas também foi esse Jesus que conseguiu, com seu amor, amolecer os nossos corações e conquistar para sempre o coração de Miriam.

— E o meu pai, onde ele está agora? Onde está meu pai, Ozias?

Olhando para o instrutor Ernesto, Cássio esboçou um leve sorriso. Jessé olhou em direção ao nosso instrutor, seus olhos se cruzaram, e, enquanto ouvíamos os companheiros encarnados cantarem os hinos de Natal, do nosso lado,

Ernesto e Jessé se abraçavam, pai e filho se reencontrando depois de quase dois mil anos. Era o ano em que renasciam para Jesus dois filhos novos, Miriam e Jessé, que reencontraram o caminho do bem.

Eu os via agora, Ernesto, o iluminado instrutor, e Jessé, o antigo verdugo, abraçados na casa de Altina Gomides e Joana, transubstanciados em luz, na luz do perdão, na luz das luzes daquele Natal. Não havia como deter a avalanche de sentimentos e emoções que extravasavam de todos naquele dia.

Do outro lado da margem do rio da vida, os amigos encarnados cantavam *glória a Deus nas alturas e paz na Terra*. Do nosso lado, almas se reencontravam, prometendo um futuro de paz e entendimento.

Quando vimos Joana se retirando para o seu quarto, relembrando a vida de outrora, Cássio convidou-nos a segui-la.

— Veja a nossa Joana, meu filho. Veja como ela se propõe a modificar-se.

Neste momento, Paulo entrou em cena, conversando com Joana e chamando-a para a sala. O instrutor Ernesto, aplicando passes no córtex cerebral de Paulo, sensibilizou-o para que ele percebesse a nossa presença. Paulo, com a sua discrição de médium de Jesus, anotou o pensamento de Ernesto e comentou com Joana.

— É a magia do Natal. Dizem certos amigos que tenho

— falou Paulo, referindo-se aos pensamentos que captara do instrutor espiritual — que nesta época Deus aproveita esta nostalgia que invade a gente e toca fundo em nosso coração.

A conversa entre Paulo e Joana continuou até eles se reintegrarem aos outros companheiros, que festejavam em outras dependências da pequena casa. Aqui, entre nós, a alegria também era indisfarçável. A família espiritual se reunira sob a bênção divina. Era Natal. Mais um ano do calendário da Terra em que comemorávamos o nascimento de Jesus. Quase dois mil anos de aprendizado. Nascia Jessé, nascia Miriam na pessoa de Joana, a nova filha de Jesus.

Nossa caravana partia da Crosta entre as alegrias do Natal e as luzes que avistávamos por toda parte, comemorando o aniversário do Salvador. Retornamos a nossa comunidade espiritual para nos reunirmos com os companheiros espirituais numa festa de amor.

O firmamento estrelado refletia as belezas da natureza, e a nossa colônia espiritual estava toda enfeitada, como eu nunca vira antes. Todos os espíritos que comungavam os mesmos ideais de elevação espiritual nos reuníamos para relembrar Jesus.

Trouxemos conosco Jessé, que estava radiante diante da beleza que via refletida na cidade espiritual.

— É Jerusalém! — ele falava a todo momento. — É Jerusalém renovada.

— Aqui, Jessé — falou Ernesto — você encontra exatamente aquilo que precisa. Com o seu coração renovado, você se sintoniza com a cidade dos nossos amores. Jerusalém representa, para nós, a cidade de Deus, a cidade de David, o recanto da paz.

— *Shalom abere!* — exclamava Jessé.

— *Shalom*, meu filho, *shalom!* — respondeu Cássio ao filho pródigo que retornava ao lar.

Na colônia espiritual com a qual nos sintonizávamos, comemorávamos também o Natal. Festejávamos com todas as possibilidades que tínhamos à nossa disposição. Mas naquele Natal, em especial, festejávamos a alegria do reencontro de uma família espiritual que, depois de quase dois mil anos, se abraçava, entre as estrelas, para comemorar Jesus que voltava aos corações.

Shalom — como disse Cássio. *Shalom aberé*. A paz novamente reina em Jerusalém.

Dores e paixões

Veio o amor, o amor por alguém
que caminhava comigo.

A aproximação de Paulo com a família de Altina não se deu por acaso. Seu envolvimento com Joana denotava algo muito mais profundo do que um acontecimento fortuito do cotidiano.

Os gregos antigos apresentavam em sua mitologia a figura de um deus brincando com dados, significando, esses dados, os destinos dos homens. Mas a realidade da vida em nada se assemelha à lenda do país da Hélade. Ninguém vive no mundo ao sabor de forças cegas ou à mercê de um ser superior que brinca de dados com as vidas humanas. Ao contrário, tudo se encadeia no universo. Tudo e todos estão ligados por fios invisíveis que se cruzam no tempo e no espaço, nas experiências vivenciadas no passado. Ou, então, os encontros e desencontros da vida presente resultam em futuros compromissos, em futuros vôos da alma em companhia daqueles com os quais conviveu e interagiu em sua passagem pelo palco do mundo. Ao encontrar um outro ser, relacionar-se por alguns momentos ou por anos, ninguém permanece o mesmo. Em tudo no universo há troca incessante de energias, de experiência. Sempre adquirimos ou assimilamos algo do próximo, tanto quanto influenciamos o outro com a nossa presença em sua vida. Nossa presença nas experiências do outro pode desencadear processos de dor ou de felicidade. A participação de outra pessoa em nossas vidas também influencia de uma forma ou de outra aquilo que somos e, muitas, vezes, desencadeia processos cármicos que precisamos vivenciar.

Com Paulo e Joana não ocorreu diferente. Os pensamentos do rapaz estavam povoados com a imagem de Joana. A vida desta passou a ser preenchida com as imagens de Paulo, com a sua presença, com a sua ousadia em romper o preconceito, as dificuldades e aproximar-se, se envolvendo de tal maneira que não mais poderiam viver um sem o outro.

— Meu filho, noto-lhe os pensamentos e o semblante preocupado, ultimamente — falou Célia, a mãe de Paulo. — O que está acontecendo, meu filho? Abra-se com sua mãe...

A casa em que Paulo residia era uma mansão, comparada à simplicidade da residência de Altina Gomides e Joana. Ele morava no Bairro Ipiranga, junto com a mãe e mais três irmãos. A conversa dos dois ocorria no jardim da casa, onde estavam acostumados a se reunir nas tardes de sábado, num bate-papo muito familiar.

— Ah! mãe, não é nada que mereça incomodar você. Creio que devo ser mais discreto em meus sentimentos e pensamentos.

— Talvez seja o contrário, filho — falou Célia, aproximando-se de Paulo e abraçando-o. Quem sabe não é exatamente o oposto e você esteja guardando sozinho seus pensamentos e sentimentos e agora deva compartilhar isso com alguém?

— Eu não gostaria de incomodá-la, mamãe. Você sabe, as dificuldades que você vem enfrentando com a saúde, o papai longe de casa e os meus irmãos, sempre envolvidos com as badalações deles...

— Ora, meu filho, o que é isso? Será que você está usando desculpas para fugir da sua mãe? Ou será que não o conheço?

— Não é isso, D. Célia — respondeu Paulo, sorrindo forçado. — Mas veja que nós já temos muitos problemas por aqui, e não é hora de acrescentar mais fogo na fogueira...

— Sabe, Paulo, mesmo que você se recuse a falar sobre o assunto eu vou insistir um pouco mais. Os problemas sempre existem e existirão, e um a mais em nossas vidas não pesará muito. Aliás, Paulo, não é você mesmo que diz que a gente tem de compartilhar os problemas a fim de vislumbrar os resultados? Sei que é difícil, muitas vezes, os filhos se abrirem para os pais. Entretanto, estamos numa situação em que a nossa família se vê diante de duas únicas saídas: ou somos transparentes ao ponto de confiarmos uns nos outros ou então a família irá se diluir de tal maneira que perderá o contato entre os seus membros e se perderá. Temos de nos envolver, filho, mesmo que eu não concorde com as suas idéias ou você não aprecie as minhas. Só não posso permitir que você carregue o peso de suas experiências sozinho. Creio que todas as mães fariam o mesmo com seus filhos.

— Minha querida mãezinha, ai de mim se não fosse você... Abrace-me...

— Então? Não se abre com a mamãe? Não se preocupe quanto a mim. Estou enfrentando com muita coragem os problemas de saúde. Afinal, você não é o companheiro de minha vida? Não é o meu garotão querido, que nunca me abandonou? Então? Vai falar ou não do que incomoda?

— Bem, creio que não há como resistir a sua chantagem... Diga-me, mamãe, será que todas as mães são chantagistas assim?

— Paulinho...

— Está bem, D. Célia, tudo bem, mas não me diga que você não seja uma excelente estrategista.

— Bem, meu filho, não posso discordar completamente de você, mas convenhamos: que funciona, funciona. São as armas de todas as mães. Usamos do coração para atingir os corações dos filhos. Isso nunca falha.

— É, creio que não falha mesmo. Sabe, mãe, aquela

garota da qual lhe falei meses atrás, a Joana?

— Sim, sim; diga, filho.

— Como lhe disse, eu estou muito envolvido com a família dela. Juntos, já fizemos de tudo a fim de auxiliá-la nas dificuldades criadas pelo seu envolvimento com as drogas.

— E ela está correspondendo aos seus esforços?

— Sim, mamãe, claro. Isso é muito bom. Ela já passou da fase de perigo, e creio que até mesmo já se libertou do uso das drogas, só que os efeitos psicológicos são patentes. A Joana está em fase de readaptação à vida social, porém um fato vem acontecendo e está me preocupando muito...

— Já sei! Você está apaixonado por ela.

— Mamãe, que mente suja...

— Ora, meu filho, só quem é bobo não percebe...

— Você acha?

— Claro, está expresso em seus olhos. Eles brilham quando você fala no nome de Joana.

— Mamãe, você não presta.

— Não, mesmo, filho, e acho que, se você não correr logo, perderá um momento precioso em sua vida.

— Mas, mãe, não tenho certeza direito a respeito de meus sentimentos. E quanto a Joana? Não sei se ela sente alguma coisa. Talvez seja apenas produto de minha imaginação. Quem sabe não seja apenas preocupação com a vida dela?

— Não me venha com essa, meu filho. Não fuja de sua felicidade assim. Esses momentos em nossas vidas, Paulo, são muito preciosos para que os dispensemos dessa forma. Não há como adiar a felicidade sem que haja sérias conseqüências para o coração. Não resista, meu filho.

— É que tenho muitas apreensões em relação a Joana e não tive coragem ainda de falar abertamente com ela.

— Então você não está sendo amigo verdadeiro da sua Joana. Os amigos que se prezam costumam usar de transparência nas relações.

— Mas eu sou amigo, sim. E muito bom amigo.

— Só que ser amigo muito bom não é o que você deseja, não é?

— Bem...

— Claro que não, meu filho. Eu bem conheço vocês todos e sei do jeito de cada um dos meus filhos. Você quer se aproximar da Joana e tê-la como mulher. Só isso.

— Mamãe, deixe de ser...

— Franca! Franca e moderna, pode dizer, Paulo. Para que esconder sentimentos e desejos? Eles sempre acabam ganhando da gente. Vai por mim, filho, é a experiência de toda uma vida. Quando a gente guarda os desejos e sentimentos por tanto tempo, tentando mascarar aquilo que sentimos, eles acabam por irromper dentro de nós;

rompem as nossas defesas, e aí vem o caos. No seu caso, conheço-lhe muito bem os impulsos, afinal, eu estudo os meus filhos o tempo inteiro e não posso enganar-me quanto às suas tendências e emoções.

— Como assim, estuda-me?

— Olhe, meu filho, não pense que a sua religião seja uma couraça para conter seus sentimentos e desejos. Creio que o erro de muitos religiosos seja o fato de usarem a religião para mascarar a vida íntima e se esconder da vida atrás de um altar ou de muito trabalho, a fim de despistar os próprios sentimentos.

— Ora, mamãe, mas você sabe que não sou assim. Eu sou espírita, e o espiritismo...

— Sei que o espiritismo é muito bom, meu filho, e não estou aqui discutindo a validade da proposta espírita. Não é isso. Mas essa máscara de santidade, de evolução compulsória me dá medo. Eu acho que vocês não se permitem ser felizes sem a presença do medo. Têm medo de se entregar às relações afetivas, medo de que a felicidade bata à porta e que essa felicidade seja diferente daquela que vocês idealizaram. Abra-se, filho, deixe a vida conduzir você e não pretenda disfarçar seus sentimentos de homem com a caridade despretensiosa dos religiosos. Não perca a oportunidade, Paulo.

— Mas você então me incentiva a procurar a Joana.

— Incentivar? Deixe de bobagem, meu filho. Em breve

você descobrirá que o estou empurrando para os braços da felicidade. Incentivar é muito suave para o seu caso. Vá, vá, meu filho, não fique assim amuado feito animal. Levante-se e vá procurar Joana. Diga-lhe a respeito de seus sentimentos. Não perca tempo.

— Você acha, mamãe? Acha mesmo?

— Levante-se, meu filho. Honre as calças que você veste. Assuma-se com seus sentimentos e, se você acredita tanto assim em espíritos, incorpore, faça qualquer coisa, mas permita-se ser feliz.

Paulo não pôde resistir ao empurrão materno e saiu à procura de seu destino. Com certeza, Deus não joga dados com a vida humana nem manipula as experiências de seus filhos, por isso ele enviou as mães, que são mestras na arte de convencer os filhos na busca da felicidade.

Paulo saiu, enquanto Célia esperava os outros filhos para a conversa habitual das tardes de sábado. Em breve tempo, eles apareceram, e a família reuniu-se para o diálogo que deveria unir os corações.

Os acontecimentos transcorriam conforme as leis da vida determinavam. Paulo deveria reencontrar Joana na presente existência para que pudessem se beneficiar com as experiências conjuntas.

Por detrás desses eventos na vida de Paulo e Joana, espíritos amigos tentavam a todo custo inspirá-la quanto ao melhor caminho através do qual poderiam se conduzir.

Já havia alguns dias que Joana não via Paulo. Estava ansiosa por lhe falar. O rapaz não ligava, e ela não tinha coragem de dar-lhe um telefonema. Tinha de encontrá-lo. Esperou por ele todos esses dias. Como gostaria de compartilhar um momento tão importante quanto o que vivia...

Fora fazer uma consulta dias antes. Devido ao seu passado, ao uso de drogas intravenosas, o médico a aconselhara a fazer o exame de sangue que detectasse se ela era ou não soropositiva. Afinal, viviam no século do HIV. Não poderia descuidar-se. Paulo a aconselhara a fazer o exame Elisa. Ela rejeitara a idéia durante muito tempo, mas, agora, com os pensamentos que abrigava em sua mente a respeito dele, ela tinha de fazer os testes. Não poderia sequer pensar em compartilhar a sua vida com alguém de forma mais intensa, íntima, sem se certificar de algo tão importante.

Resolveu então procurar um outro médico, porque ficara com medo de que Paulo desconfiasse. O seu médico, que era amigo de Paulo, poderia também falar com ele.

Joana pretendia esconder de Paulo os resultados do exame, caso fossem positivos, e também esconder seus sentimentos. Mas... e se não fossem positivos? Se ela não fosse portadora do HIV? Isso abriria uma oportunidade ímpar em sua vida.

Noites e noites de insônia e mais as preocupações e os medos fizeram da vida de Joana um inferno.

Não havia como adiar. Ou ela fazia o exame ou então não dormiria mais de tanta angústia.

Resolveu então procurar um posto de saúde. Entrou no consultório do médico e relatou a verdade a respeito de suas preocupações. Desejava realizar o exame.

Nos dias que antecederam a resposta do médico, Joana também não dormira. Esse período coincidiu com os dias em que não se encontrara com Paulo. Aumentaram, por isso, sua angústia e insegurança. Pensou então que não iria procurar o médico para receber o resultado.

Os pensamentos desencontrados, como um vulcão em erupção, pareciam querer romper o cérebro, que explodiria. O estresse estabelecera-se, e, durante esse dia que antecedera os resultados, Joana teve febre, diarréia e vários outros sintomas próprios de desequilíbrios e abalos emocionais mais intensos. Em sua mente, acreditava que já estava doente. A aids se instalara definitivamente. Nem precisava dos resultados. Se ela fosse ao médico, quem sabe ele apenas recomendaria sua internação em uma clínica ou hospital onde pudesse esperar a morte com mais dignidade? "Desistiria", pensou Joana.

Mas, se por um lado ela pensava em desistir, por outro não poderia morrer em paz caso não fosse ao médico.

Altina, a sua velha mãe, também ficava aflita com a situação da filha. Depois de muito conselho, de muito insistir, convenceu-a a procurar o médico e receber os resultados.

Quando entrou no consultório, o suor caía-lhe da face afogueada pela febre. O médico assustou-se com o estado de Joana.

— O que é isso, garota? O que está acontecendo?

— Diga, doutor, pode falar a verdade comigo, não esconda nada. Veja como estou.

— Mas o que está acontecendo? Deite-se aqui — apontou a maca. — Vamos, diga-me.

— É o HIV, doutor, a aids. Já estou no estado terminal. Eu sei que é isso. Me diga, não é mesmo?

— HIV? O que é isso, Joana? Veja o que você está aprontando para si mesma.

— Não é o que dizem os resultados, doutor? — perguntou Joana ofegante, ao lado da mãe aflita.

Como sofrem as mães de todo o mundo. Como têm de acompanhar os filhos em suas dores; sofrem mudas, caladas, e o seu sofrimento reprimido, para não exacerbar as dores dos filhos, parece ser um sofrimento infinito.

— Por favor, espere lá fora, minha senhora, depois eu a chamo.

— Deixe minha mãe, doutor — falou com voz entrecortada a moribunda. — Não quero morrer sozinha.

— Prefiro que espere lá fora, minha senhora — falou enfático o médico.

— Sim, seu doutor, mas muito cuidado com a minha Joana. Qualquer coisa, me chame, estarei orando para Jesus.

Altina saiu do consultório, mas sob protestos de Joana.

— O que é isso, Joana? Como pode submeter sua mãe a uma situação dessas?

— Mas, doutor, eu já estou morrendo.

— Mas se você se considera nesse estado, porque se deu o trabalho de vir aqui? Conte-me.

— Eu vim pegar o resultado do exame de aids.

— HIV, Joana, HIV.

— Sim, doutor — Joana tossia muito. — Eu sei que vou morrer com aids e eu tinha que vir aqui.

— Mas eu acredito que você deve estar enganada, Joana. Parece que você veio pedir um atestado prévio de óbito, e não buscar os resultados dos exames. Veja o estado lamentável em que se encontra.

— Fale, doutor, fale, por favor, estou com aids, não estou?

A face de Joana gotejava suor, enquanto ela tinha dificuldade em se expressar.

Dirigindo-se à sua mesa, o médico pegou um envelope, abrindo-o lentamente. Olhou para Joana e falou com voz calma e pausada:

— Resultado do exame de Joana Gomides: HIV — negativo!

— O quê? Então não estou com aids? Não estou

morrendo?

Joana levantou-se imediatamente da maca, tomou os resultados das mãos do médico e saiu do consultório correndo, sem dar oportunidade de o médico falar mais nada.

Atônito com as reações da quase-morta, o médico ficou parado, sem entender o comportamento de Joana.

— Meu Deus, como é desequilibrada. Só faltava abrir uma sepultura, jogar-se dentro e pedir a alguém para jogar terra por cima. E nem me deu tempo de falar com ela a respeito dos resultados...

Do lado de fora do consultório, a mãe aflita mantinha a cabeça baixa, orando a Jesus pela vida de sua Joana. Ah! meu Deus, pensava Altina, eu estou perdendo minha filha outra vez.

A pobre mulher chorava baixinho, enquanto orava mentalmente. Os outros pacientes, que aguardavam o atendimento, ficaram sensibilizados, ao verem a mulher sofrida e angustiada, derramando suas lágrimas.

A porta do consultório abriu-se abruptamente, e Joana saiu de dentro com um envelope nas mãos. Altina arregalou os olhos sem entender nada, ou então assustada com o resultado imediato de suas orações. Não deu tempo de raciocinar. Eram apenas lampejos de pensamentos que passaram em sua mente.

— Vamos, mamãe. Eis aqui os resultados.

— Mas, filha, você não está doente? E a febre?

— Que febre, mamãe? Eu não tenho nadinha de nada. Olhe aqui os resultados. Veja em minhas mãos a resposta. O médico disse que deu negativo. Negativo, mamãe.

— Filha, eu não entendo — balbuciou Altina.

— Não precisa entender, mamãe. Vamos embora daqui.

Joana literalmente arrastou Altina pelo corredor, não lhe dando oportunidade de se esclarecer.

— E a febre, filha? E a diarréia?

— Ah! mamãe, e eu entendo lá dessas coisas? Passou tudo. Eu acho que foram suas orações...

Altina não compreendeu direito como a filha melhorou de um momento para outro. Afinal, ela não estava com aids? E os sintomas que estava sentindo há alguns dias? Será que suas orações eram tão poderosas assim?

— O sangue de Jesus tem poder! — falou Altina em alto e bom tom.

— Louvado seja Deus — respondeu Joana.

A mente cria. A mente em desequilíbrio passa ao corpo as sensações alimentadas pela pessoa.

Emoções fortes, quando são alicerçadas numa mente cheia de pensamentos pessimistas, produzem estados de saúde delicados, e o corpo, reflexo da mente, expressa o teor das emoções, dos sentimentos e pensamentos com máxima fidelidade.

Joana voltou para casa, agora ansiosa para reencontrar Paulo e mostrar-lhe os resultados de seus exames. Não tinha tempo a perder. Desejava a todo custo rever seu benfeitor. Será que telefonaria para ele? Não sabia ao certo o que fazer ou como proceder. Apenas desejava vê-lo. Ansiava por encontrá-lo. Não poderia passar muito tempo longe de sua presença, de sua atenção, de seu afeto.

Todo o seu ser ansiava por ele. Paulo, Paulo, Paulo. Só Paulo importava. Parece que estava em transe de tanto que o chamava mentalmente. Era o transe do amor, da paixão, da vida que conspirava pela felicidade.

Comunidade gospel

Sei que não o encontraria entre os santos. Jamais o encontrei entre os salvos. Também não o vi nos altares das igrejas. Não o encontrei entre os eleitos.

16

Passava das 20 horas quando Paulo chegou à casa de Joana. No caminho ele resolveu comprar uma lembrança para ela e acabou demorando mais que o previsto. Naturalmente que fora ajudado pelo trânsito, que contribuía para que Paulo e outras milhares de pessoas pudessem aproveitar mais o tempo dentro de automóveis, ônibus e outros veículos.

Joana estava na cozinha, ajudando a mãe em alguns afazeres domésticos. Embora conservasse as mãos ocupadas com o trabalho de casa, a mente e o coração estavam fixos na pessoa de Paulo, em quem concentrava a sua atenção. A campainha soou três vezes seguidas.

— Paulo! — gritou Joana, que saiu correndo em direção à porta.

— Meu Deus, por que tanta pressa assim? — falou Altina, olhando em direção à filha, que saía em disparada.

Abrindo a porta rapidamente, Joana não se conteve de alegria ao rever o rapaz e atirou-se em seus braços, sem raciocinar a respeito de sua atitude.

— Joana... — balbuciou Paulo com o coração disparado — que bom vê-la novamente.

Os dois permaneceram abraçados por um pequeno espaço de tempo, o suficiente para que pudessem ler nos olhos um do outro as palavras não escritas da alma, as páginas do coração.

Foi Paulo que primeiro acordou daquela espécie de transe que envolve os apaixonados e, desvencilhando-se dos braços de Joana, foi entrando porta adentro, perguntando por Altina.

— A mamãe está na cozinha — respondeu Joana já sem graça, porque se revelara por inteiro, através dos gestos e de sua atitude.

"Como está linda" — pensou Paulo... "Ah! Meu Deus, bons espíritos, será que não estou indo longe demais?"

Seus olhos se cruzaram novamente, e um clima especial se estabeleceu entre ambos.

Em outra dimensão da vida esses acontecimentos não passaram despercebidos.

Cássio, o pai de Joana, a tudo assistia, de maneira a interferir nas vidas envolvidas, pois fazia parte do planejamento do Alto que os dois se unissem.

Dirigindo-se a Paulo, sem que este percebesse, através da intuição, o espírito de Cássio estendeu as mãos sobre o plexo solar do rapaz, magnetizando-o. Depois de alguns minutos dirigiu sua atenção para a glândula pineal, que rapidamente se iluminou, diante da ação magnética do bondoso espírito.

Como resultado, o rapaz sentiu imediatamente as emoções irromperem de seu interior e lançou-se num ímpeto em direção a Joana, tomando-a nos braços, sem saber como dominar as emoções e os pensamentos que lhe vinham à mente.

— Não posso mais viver sem você, Joana — falou Paulo, segurando Joana em seus braços.

— Paulo, meu Paulo... — mal terminou a frase, e o rapaz continuou.

— Eu te amo, Joana, como nunca amei uma mulher antes. Não sei se você saberá interpretar o meu gesto, mas não consigo mais esconder o que sinto...

Joana deixou-se inebriar pelas palavras de Paulo, que a beijou suavemente nos lábios, iniciando uma nova etapa na vida dos dois.

Com tantas emoções contidas, Paulo e Joana deixaram-se dominar pelo carinho. As palavras brotavam de suas bocas com a facilidade com que desabrocha uma flor na primavera.

Não perceberam que estavam sendo observados por

Altina, que assistia à cena, ao mesmo tempo em que tentava se esconder para não ser flagrada.

Os dois continuariam ali por muito tempo, não fosse a interferência superior de uma alma boa e pura como a vizinha, amiga de todas as horas.

— Al-tin-nnaaaa... sou eu, minha amiga. Sua vizinha que-ri-di-nha. Está com visitas, amiga?

A vizinha foi logo entrando, naturalmente sem ser convidada, pois, para os amigos dessa natureza, são dispensados os convites, considerados muito formais.

— Meu Deus, veja só como adivinhei que tinha visitas. Eu nem vi o seu carro aí em frente, Seu Paulo — falou a vizinha, intrometendo-se na vida da família. — Veja, Altina, como sou discreta, nem vou atrapalhar o casal de pombinhos, que devem estar interessados em conversar...

Paulo e Joana foram surpreendidos abraçados em meio às juras de amor.

Do lado de cá da vida, Cássio, o benfeitor espiritual, desistiu de tentar interferir. Resolveu deixar que os acontecimentos agora transcorressem rumo às correntezas das águas da vida.

Encontrei Cássio levitando sobre a casa de Altina e Joana. Com um sorriso, ele me recebeu de braços abertos, dizendo:

— Bem, meu amigo, graças a Deus que os dois se ajustaram.

E, olhando para baixo, em direção à vizinha de Altina, que parecia estar com o chacra laríngeo hiperdesenvolvido e estimulado, de tanto que falava, continuou Cássio:

— Mas nem tudo é perfeito. Tenho de me acostumar com isso!

Vim ao encontro de Cássio a seu convite, a fim de visitarmos uma comunidade de espíritos cujas experiências se deram, na Terra, em sintonia com o pensamento e a filosofia da Reforma Protestante. Eram espíritos que fundaram uma colônia no espaço próximo à Terra e que ali se reuniam, conservando a característica de suas antigas crenças. Nunca imaginei que conheceria algum dia uma comunidade de espíritos evangélicos. Afinal, sempre pensei que, do lado de cá da vida, só existiam espíritos espíritas, ou que todos, senão a maior parte daqueles que desencarnaram no mundo, se transformariam em espíritos espíritas assim que chegassem aqui.

Cássio me surpreendeu em meus pensamentos, enquanto nos dirigíamos para a metrópole espiritual.

— O que você pensa a respeito da expressão "espírito espírita"?

— Bem — comecei, assustado com o fato de Cássio haver penetrado em meus pensamentos — não é que eu pense que do lado de cá da vida os espíritos deveriam adotar somente a visão espírita. Uso apenas esse termo para significar que talvez os espíritos que conservem as suas crenças como na velha Terra fossem convencidos aqui a respeito da realidade da reencarnação e de outros ensinamentos próprios da doutrina espírita.

— Ah! Ângelo, não creio que você seja tão ingênuo assim...

— É, devo admitir que me perdi na forma de me expressar — confessei.

Aproximamo-nos rapidamente da cidade espiritual. Na verdade, era uma metrópole localizada na região espiritual de uma cidade bem conhecida do sul do Brasil.

A metrópole brilhava como uma pérola de luz coagulada. Parecia ser estruturada em matéria astralina de regiões superiores do planeta.

À medida que nos aproximávamos, pude perceber que a arquitetura local lembrava certas cidades européias, mais precisamente algumas cidades alemãs que eu visitara quando encarnado. Cássio socorreu minha curiosidade:

— Essa comunidade espiritual foi fundada no ano de 1878, por espíritos de missionários alemães e franceses que foram atraídos pela psicosfera do Brasil. Para aqui se dirigiram, com o objetivo de implantar, nas terras brasileiras, a mensagem evangélica. Desde então, a comunidade tem crescido imensamente. Hoje, abriga uma população de mais de um milhão e meio de espíritos que se afinizam com o pensamento das diversas correntes evangélicas.

Entramos na metrópole espiritual, e pude perceber a beleza de sua arquitetura e a paisagem harmoniosa a nossa volta.

Cássio me conduziu para um breve passeio na colônia. Pude observar que mesmo aqui, do lado de cá da vida, continuavam as preferências por esta ou aquela interpretação evangélica das Escrituras.

— No princípio da atividade da colônia, quando começaram a chegar aqui diversos espíritos provenientes de escolas religiosas diferentes, esboçou-se o caos nas relações sociais de nossa comunidade. É que os espíritos vindos da Terra não deixaram na sepultura suas manias, suas concepções a respeito da vida ou suas características de culto ou crença. Cada comunidade evangélica aqui representada queria advogar suas idéias e exigia audiência com o Todo-Poderoso, acreditando que esta colônia espiritual fosse o próprio paraíso e que Jesus estaria em algum lugar por aqui, administrando os destinos do planeta.

“Os orientadores da colônia espiritual utilizaram recursos mentais superiores, a fim de tentar apaziguar as diversas facções das comunidades evangélicas representadas pelos espíritos que chegavam da Terra.

“Muitos pastores desencarnados faziam plebiscitos com seus simpatizantes desencarnados, tentando dominar a colônia e prosseguir, do lado de cá da vida, com as mesmas posturas que os caracterizavam na Terra. Muitos ainda não se reconheciam desencarnados, e outros vinham para cá e continuavam dormindo, aguardando o juízo final.

"A situação ficou tão difícil que os administradores da colônia, como espíritos mais esclarecidos que eram, pediram a interferência das entidades mais elevadas.

"Só a partir do ano de 1967, portanto há pouco tempo, a situação entre os diversos agrupamentos evangélicos desencarnados pôde ser apaziguada.

"Um mensageiro de uma comunidade superior à nossa veio nos visitar. Todos os espíritos da metrópole foram avisados do acontecimento, e, para que acalmassem os ânimos, foi-lhes dito apenas que receberíamos um mensageiro do Senhor, que deveria pôr fim às disputas intermináveis em nossa colônia espiritual.

"A notícia soou como uma bomba em nossa colônia. Logo, logo os responsáveis pelos agrupamentos evangélicos de desencarnados organizaram-se para receber o "anjo do Senhor", que viria trazer o decreto divino para a comunidade de desencarnados.

"A colônia espiritual conheceu um tempo de tranqüilidade. Representantes de diversas comunidades religiosas organizaram vigília e grupos de oração, esperando o dia de receberem o representante do Senhor. Esse tempo de calmaria propiciou a oportunidade para que os dirigentes de nossa comunidade se reunissem com os espíritos que estavam à frente de suas ovelhas desencarnadas.

"Quando o mensageiro do Plano Superior nos visitou, era tal a expectativa da multidão de espíritos afinizados com a fé evangélica e protestante que a presença do emissário foi vista por tais espíritos como se fosse uma segunda vinda de Jesus à Terra. Suas mentes, acostumadas com as imagens fortes evocadas da *Bíblia*, acabaram produzindo um efeito benéfico. Porém, estruturaram a imagem de Jesus na fisionomia do mensageiro espiritual. Puro fenômeno de ideoplastia, que se realizava à vista de todos.

"A partir de então, os espíritos passaram a se comportar de uma forma especialmente tranqüila, embora vez ou outra recebêssemos pedido de audiência com Jesus ou com os apóstolos, para discutir interesses da comunidade de espíritos ou de pastores desencarnados que se sentiam humilhados por não estarem sentados em tronos reinando ao lado de Deus."

— Puxa vida! — pensei. — Como deve ser difícil conciliar todas essas facções de espíritos...

— É, Ângelo, é muito difícil mesmo.

Aproveitando a oportunidade que se fazia presente, resolvi abusar da bondade do benfeitor espiritual e apresentar minhas dúvidas.

— Diga-me, Cássio, como entender tantas religiões na Terra, oriundas do tronco central do cristianismo?

— É perfeitamente possível imaginar a Terra como uma grande escola, um educandário. Sob essa ótica, as diversas religiões funcionam como classes adequadas ao amadurecimento dos diversos alunos. Naturalmente que esses alunos rebeldes hão de se julgar cada um superior ao outro, como se tivessem direitos a privilégios, advogando cada classe a atenção plena do diretor. Entretanto, mesmo que as diversas classes ostentem a sua cultura, a sua visão científica ou religiosa a respeito das diversas disciplinas ensinadas no educandário, todas elas são gerenciadas pela mesma lei e pelo mesmo diretor. Algum dia os alunos descobrirão que são todos irmãos de aprendizado e que as variações existentes no educandário chamado Terra são necessárias para o crescimento de todos. Nenhuma classe tem privilégios.

— Creio que não poderia ilustrar melhor a situação. E quanto àquelas religiões criadas a partir das ramificações da Reforma Protestante? Como entender o fato de que há tantas disputas entre elas e ao mesmo tempo parecem se unir combatendo o espiritismo? Para elas a mediunidade parece uma praga que merece ser exterminada.

— Todas as religiões cristãs nasceram do desejo de agradar a Deus, e seus fundadores foram médiuns que, num momento ou em outro, se sintonizaram com entidades do nosso plano. É claro que nem sempre os espíritos que os intuíram eram espíritos esclarecidos, imperando aqui e ali elementos das crenças pessoais ou interesses egoístas. Mas, com raras exceções, essas religiões nasceram do contato mediúnico com outras dimensões da vida.

— Mas como entender a mediunidade no meio de gente que não acredita em espíritos?

— Veja bem, Ângelo, citarei alguns casos apenas como exemplo para suas observações, conservando um profundo sentimento de respeito pelos nossos irmãos evangélicos. Como sabemos, o século XIX foi um marco na história do pensamento espiritualista. Desde o início do século entidades espirituais elevadas reencarnaram no planeta para auxiliar as falanges do Consolador na tarefa de libertação das consciências. O mundo experimentou momentos de grande euforia quando chegou a época do advento do espiritismo. Foram observados vários fenômenos em toda parte do planeta, chamando a atenção para o mundo dos espíritos. Nesse contexto nasceram algumas religiões da Terra.

— Não entendo onde você quer chegar com essas observações.

— Por volta de 1843, religiosos da América do Norte, liderados por um homem chamado Guilherme Miller, ao estudar a *Bíblia* chegaram à conclusão de que algo diferente estava para acontecer no panorama espiritual do mundo. Porém, deram uma interpretação muito pessoal aos seus estudos e observações. Naturalmente, era uma época muito fértil no terreno mediúnico, pois vários médiuns despontavam aqui e ali, estimulados pelas falanges do Consolador. Surgiu nesse grupo uma médium, Ellen White, que reunia várias faculdades, como a psicografia, a vidência e a clariaudiência. Entretanto, devido à sua educação evangélica, todos interpretaram tais faculdades como sendo dons do Espírito Santo. Ela foi instrumento nas mãos dos espíritos para evitar uma catástrofe de grandes proporções. Muitos esperavam a volta de Jesus à Terra por desconhecerem certos elementos que favoreciam a interpretação de algumas profecias bíblicas.

— Essa médium era auxiliada por espíritos mais esclarecidos?

— Certamente, Ângelo. Porém, encontraram alguns obstáculos junto a ela, devido a sua educação protestante, como eu disse antes. É muito comum observarmos, nos escritos que ela deixou, a maioria psicografados, referências aos espíritos. Ela descrevia seu mentor espiritual como sendo "o meu mensageiro" ou "o mensageiro do Senhor". Entretanto, depois de muita insistência junto a essa médium, não obtendo respostas satisfatórias quanto à interpretação de suas palavras, seus mentores resolveram deixá-la entregue às próprias crenças. Naturalmente, a esse tempo foram considerados pela comunidade evangélica como demônios, espíritos do mal. Nasceu em meio às manifestações da mediunidade uma nova religião, embora combatendo as verdades eternas do espiritismo, como a imortalidade da alma, a mediunidade.

— Então eles se contradiziam?

— Isso ocorria mais por uma questão de ponto de vista

equivocado. Mediunidade para eles era do demônio, mas o mesmo fenômeno mediúnico, observado entre os seguidores da nova religião, era denominado de dons espirituais ou espírito da profecia.

— Então, pelo que posso observar, várias religiões que hoje combatem as manifestações espirituais tiveram seu começo com o trabalho de médiuns, que, mais tarde, foram chamados de profetas?

— Isso mesmo. Tanto quanto a dos adventistas, também a doutrina dos mórmons teve origem em manifestações de espíritos, mais ou menos à mesma época. Foi o caso de Joseph Smith, que recebeu valiosas informações de seu mentor espiritual. Dando a essas revelações uma interpretação de cunho pessoal, acabaram desvirtuando o conteúdo das comunicações. Fundaram poderosas organizações religiosas, que, até hoje, combatem o espiritismo, sem entenderem direito que, na gênese de suas próprias religiões, havia fenômenos mediúnicos muito intensos.

— Mas isso também ocorreu no início do movimento da Reforma, inaugurado por Lutero no século XVI?

— Claro, meu amigo. Quem conhece a história das religiões naturalmente sabe dos processos ocorridos com seus fundadores, os quais foram considerados manifestações do Espírito Santo. O próprio Lutero, ao subir as escadarias da igreja onde afixaria as suas 95 teses, na Alemanha, teve sua audição ampliada e ouvia vozes dos espíritos. Consta de sua biografia que uma voz lhe falava que "o justo viverá pela fé". Era um dos apóstolos de Jesus que inspirava o reformador quanto aos passos que daria para a libertação das consciências.

Entre uma conversa e outra, eu ia aprendendo com Cássio a respeito de coisas que na Terra me passaram despercebidas. Encontrava naquela comunidade de espíritos diversas motivações para estudos. Havia muito o que aprender.

Fiquei atônito com as revelações de Cássio. Eu nunca poderia imaginar que ocorriam tantas coisas no plano espiritual.

Aproximamo-nos de imenso pavilhão, que se parecia com um hospital. A arquitetura era muito simples, porém a construção espiritual parecia ter quilômetros de comprimento e vários andares.

Entrei no ambiente acompanhado de Cássio, que me apresentou ao espírito que organizava os trabalhos no pavilhão.

— Seja bem-vindo, companheiro — falou-me o espírito. — Meu nome é Matias, e sou responsável por essa seção do Pavilhão dos Silenciosos.

Ao olhar dentro do pavilhão notei que havia muitos leitos, a perder de vista, com espíritos que pareciam dormir. Acima deles, parece que havia imagens mentais se confundindo, se misturando, se formando e se diluindo imediatamente, uma após outra.

Achei estranho o nome de Pavilhão dos Silenciosos. Na verdade, achei tudo muito estranho. Nunca vira tantos espíritos dormindo desde que cheguei ao plano espiritual.

Cássio auxiliou-me na curiosidade:

— Estes são espíritos que, na Terra, durante anos alimentaram a idéia de que a morte é o fim de tudo. Conforme ensinavam em suas igrejas, dormiriam por muito tempo, até a segunda vinda de Jesus à Terra, quando Ele os acordaria. Geralmente são espíritos afinizados com o pensamento das igrejas adventistas e testemunhas de Jeová, além de poucas outras que não admitem a imortalidade da alma.

— Mas essas igrejas não são espiritualistas? Não ensinam aos seus seguidores que existe uma vida além?

— Nem todas ensinam assim. Nossos irmãos adventistas e testemunhas de Jeová ensinam que a alma é mortal e que somente nos fins dos tempos Deus vai recriá-las, através da ressurreição. Até lá, os eleitos (naturalmente, de suas religiões) ficarão dormindo num estado de não-existência. Algo que nem mesmo eles conseguem explicar, mas em que acreditam sinceramente. Eis por que vemos muitos espíritos dormindo do lado de cá da vida. Estruturaram de tal forma seus pensamentos e crenças quando estavam encarnados que muitos reencarnam por diversas vezes sem saber ou acordar para a realidade da vida imortal. Precisam de tempo até para despertar.

Apontando para os leitos e mais precisamente para

as formas dinâmicas observadas acima dos espíritos que dormiam, o companheiro Matias falou:

— As criações mentais que você observa se formando e se diluindo são o resultado dos pensamentos desses espíritos. Tais pensamentos continuam sendo emitidos em forma de sonhos ou pesadelos. Recusam-se a acordar para enfrentar a realidade da vida imortal, mas, como a atividade da vida do espírito é constante, não deixam de emitir ondas mentais.

— E os outros espíritos da colônia, que estão mais conscientes e participam da vida social desta comunidade?

— Para eles é diferente. Ocorre que a maioria das religiões evangélicas ensinam seus fiéis que após a morte existe uma vida imortal. Porém, localizam essa vida num pretenso paraíso ou no inferno, dependendo de qual religião a pessoa professar quando encarnada.

— Entendi! — falei, pensativo.

Fiquei abismado, verdadeiramente chocado com o que via. Jamais imaginei presenciar cenas e ouvir explicações como essas. Depois de visitar o pavilhão num rápido passeio orientado por Cássio e Matias, fomos conhecer a universidade da colônia. Era o lugar onde os espíritos que administravam a metrópole espiritual transmitiam ensinamentos da Vida Maior para aquelas almas acostumadas a interpretações dos diversos segmentos da Reforma Protestante.

— Aqui — falou Cássio — conhecimentos sobre a

reencarnação, as leis espirituais e os vários ramos do espiritualismo são ministrados, de acordo com o grau de entendimento dos espíritos de nossa comunidade.

— Como vocês fazem para explicar a reencarnação de algum espírito, quando chega o momento próprio e ele tem de se afastar da comunidade? Como os demais espíritos vêem a ausência de um companheiro que tem de reencarnar?

— Somos transparentes com todos. Falamos abertamente da necessidade de "nascer de novo" no ventre materno. Entretanto, nem todos compreendem o novo nascimento como sendo a reencarnação. Quando chega o momento de reencarnar e determinado espírito se ausenta da metrópole para o processo reencarnatório, muitos espíritos interpretam de acordo com a sua crença. Alguns dizem que o espírito reencarnante foi arrebatado pelos anjos; outros interpretam como sendo Jesus que convocou tal espírito para uma missão qualquer em algum recanto do universo. Mesmo que falemos claramente a respeito da reencarnação, cada espírito interpreta o conhecimento de acordo com seu próprio ponto de vista. Respeitamos todos. Assim, conseguimos viver em paz.

Continuamos nosso passeio pela colônia espiritual, enquanto Cássio ia nos orientando quanto aos trabalhos realizados pela comunidade de espíritos.

A visita àquela metrópole do mundo espiritual havia me

inspirado profundas observações e pensamentos. Fiquei emocionado ao descobrir que ninguém está desamparado pela bondade divina. Nossos irmãos evangélicos são também orientados pelo Alto e, mesmo que não pensem e nem creiam como os espíritas, são filhos de Deus; suas igrejas, seus ensinamentos fazem parte da grande escola da vida; trabalham em contato com outra realidade e com outras necessidades evolutivas dos filhos de Deus. Eis a verdade espiritual. Mesmo dentro das igrejas evangélicas, os espíritos do bem trabalham para auxiliar a quantos necessitem. Seus profetas e pastores são os médiuns através dos quais os espíritos trabalham em benefício dos que sofrem.

Por certo existem abusos em muitos lugares; porém, apesar dos desacertos próprios da alma humana, não podemos negar que muita gente é auxiliada, que os espíritos ignorantes são socorridos e que Deus aproveita a boa vontade e o conhecimento de suas criaturas para amparar seus outros filhos mais necessitados. Todos contribuem para a obra de renovação da humanidade.

Deixamos a metrópole espiritual ouvindo os cânticos e hinos de louvor de um grupo de espíritos daquela comunidade. Era a música gospel do plano espiritual. Reencontramos o instrutor Ernesto e demandamos novamente a Crosta. Eu, agora com novos elementos para estudos e observações, perdia-me em meio aos pensamentos, com tanta coisa a organizar, em vista dos acontecimentos dos quais participava.

A teoria da incerteza

A pedra se transformou em vegetal.

17

A união de Paulo e Joana não demorou muito. Os preparativos eram realizados por Célia, a mãe do rapaz, que tudo fazia para a felicidade do casal.

Paulo alegrava-se com os eventos relacionados ao seu casamento e ria gostosamente ao ouvir de Altina o relato da visita de Joana ao médico, quando recebera o resultado dos exames.

— Mas você nem esperou o médico falar direito para deixar o consultório, Joana? E os sintomas que sentia? A febre e a diarréia?

— Ah! Nem sei o que deu em mim. Tudo sumiu como por encanto. Acho que foram as orações da mamãe.

— É isso mesmo, Paulo — falou Altina. — Orei tanto que Jesus ouviu as minhas rogativas. Por falar nisso, em orações, em Jesus, eu gostaria de fazer um pedido a vocês.

— Diga, D. Altina — falou Paulo, abraçado com Joana.

— É que eu gostaria de ver a Joana casando na igreja, na casa do Senhor.

O casal de noivos trocou olhares, enquanto Altina prosseguia:

— Sei que na religião sua, Paulo, não tem casamento religioso, que, segundo você me explicou, é desnecessário quando existe amor. Mas como eu gostaria de ver a minha filha vestida de noiva, entrando na igreja e sendo abençoada por Deus...

Altina falava, e os seus olhos enchiam-se de lágrimas.

Ante as emoções da velha mãe, o jovem casal resolveu ceder e aceitar o apelo de Altina.

Radiante, a mãe de Joana saiu logo à procura do pastor, para preparar a igreja. A cerimônia religiosa se realizaria conforme o seu desejo.

Paulo ficou só com sua noiva, aproveitando o momento para se entenderem quanto aos projetos para o futuro.

— Então, minha Joana, como se sente?

— Estou feliz, Paulo, muito feliz. Parece que minha vida deu uma reviravolta quando nos conhecemos. Se existe destino, creio que alguém lá em cima andou mexendo com as nossas vidas. Tudo está muito bom.

— Temos muitas coisas para realizar juntos em nossas vidas. Eu também, Joana, eu também me sinto agradecido à vida, a Deus e às forças superiores, que nos guiaram um em direção ao outro. Mas me conta, minha querida, e a saúde? Como vai? D. Altina me disse que você não estava se sentindo bem...

— Acho que é a emoção, meu amor. Com tudo que venho enfrentando durante a minha vida, creio que fiquei mais sensível e não estou resistindo muito à intensidade desses momentos.

— O que exatamente você está sentindo, Joana? Diga-me.

— Ah! Paulo, não é nada de mais. Acho que é diabete. Tenho tido tonteiras. A mamãe também é diabética e já sentiu isso antes. Creio que, quando a gente está emocionada, ficamos mais sensíveis, só isso.

— Por que não procuramos um médico? Talvez você possa se tratar. Esses dias atrás, D. Altina me disse que você teve uma espécie de desmaio.

— Pois é, acho que sou diabética mesmo. Eu me senti meio tonta, e depois veio uma fraqueza muito grande. Mas já passou.

— Procuremos um médico, Joana.

— Prometo-lhe que me cuidarei, Paulo. Deixe passar esses preparativos, e, assim que nos casarmos, procuro um endocrinologista e cuidarei mais da saúde.

— Promete?

— Claro que prometo! Não confia em mim?

— Então, beije-me e confiarei mais...

A conversa dos dois se encerrou por ali mesmo, ante os apelos do coração. Paulo não desconfiava de que suas lutas não haviam terminado.

Os dias se passaram velozes, e chegou finalmente o momento de concretizarem os sonhos.

Paulo alugara um apartamento próximo à casa de Altina, e Joana dedicara-se à decoração dele. Célia, a mãe do rapaz, esmerava-se para agradar a nora.

Levanta-se o véu que separa os dois lados da vida.

Cássio e eu conversávamos com o instrutor Ernesto. Preocupado, Ernesto questionava Cássio:

— Será mesmo necessário que eles passem por esta prova? Não podemos adiar as coisas? Quem sabe obtemos auxílio do Alto?

— Não creio que seja possível, Ernesto. Tanto Paulo quanto Joana necessitam passar por momentos difíceis, que estão reservados para eles. Entretanto, Paulo nos oferece recursos psíquicos mais amplos, a fim de que interfiramos em seu benefício. Quanto a Joana, bem, a minha filha deve retemperar-se, fortalecer-se para futuros compromissos. Antes, porém, temos de encaminhar Jessé, seu antigo perseguidor, para as lutas próprias do mundo físico. Ele deve reencarnar através de Joana e Paulo.

— Mas... — Ernesto segurava em suas mãos uma espécie de papel, como se fosse algum relatório, que olhava constantemente enquanto falava com Cássio.

Minha curiosidade aumentava a cada minuto, porém só mais tarde eu compreenderia o sentido daquela conversa.

— Não se preocupe, Ernesto, nem Paulo e nem Jessé, que renascerá como seu filho, correrão perigo. A técnica sideral dispõe de meios para auxiliá-los. Embora a ciência da Terra se encontre acuada diante de problemas insolúveis no momento, o nosso plano dispõe de recursos além das possibilidades dos companheiros encarnados. Consideremos isso e confiemos em Deus. Ninguém passa por nada na vida sem que mereça, ou melhor, colhe-se a medida exata que se plantou.

— Isso é o que eu temo por Jessé e por Paulo, já que no caso de Joana não podemos interferir mais.

— Aí é que está a beleza da vida. Espere, meu amigo. Espere e verá a atuação da divina misericórdia.

A festa do casamento de Joana e Paulo transcorreu num clima de cânticos e hinos de louvor. Espíritos amigos participaram do lado de cá, vindo compartilhar daqueles momentos de alegria das duas famílias que se uniam. Altina estava toda feliz, e a surpreendemos várias vezes falando sozinha:

— Oh! Glórias, glórias, glórias! Aleluia, meu Pai. Louvado seja o nome do Senhor!

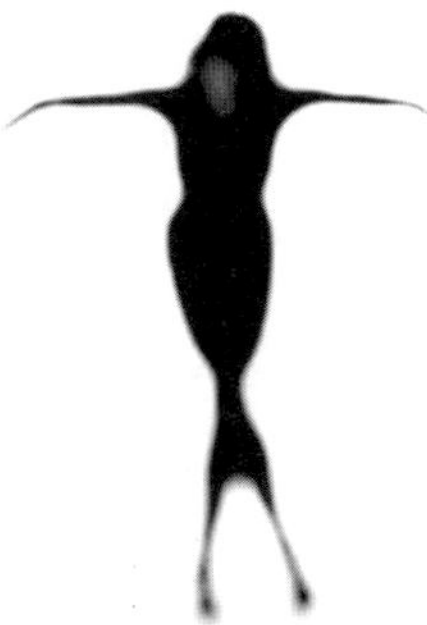

Preliminares

O vegetal se humanizou, e vim a saber o que era ser e sentir-se mãe.

Estávamos reunidos numa espécie de laboratório do mundo espiritual. Ernesto, Cássio, Jessé, o antigo verdugo de Joana, e eu. Ali se reuniam os espíritos responsáveis pela programação das reencarnações. Espíritos experientes de cientistas, médicos e geneticistas em sintonia com o Plano Superior realizavam, junto com o espírito reencarnante, o programa de vida, que era traçado em linhas gerais. Tal programação das experiências transitórias na carne envolvia também algum tratamento em relação ao corpo espiritual ou psicossoma do reencarnante.

Fiquei fascinado com as possibilidades dos dirigentes de nossa comunidade e particularmente interessado em estudar o que se referia ao projeto reencarnatório de diversos espíritos em trânsito na colônia espiritual onde nos encontrávamos. Gráficos, estudos preliminares a respeito de células, átomos, genes, DNA e tantos outros assuntos referentes ao processo da reencarnação eram vistos ali, no Departamento Vida Nova.

Jessé deveria retornar ao corpo físico em abençoada experiência. Por isso, a nossa presença, que, de certa forma, deveria infundir coragem ao então renovado espírito. Cássio, o bondoso amigo de todas as horas, nos falou:

— É preciso atender às necessidades do nosso querido Jessé. Assim que ele iniciar a descida vibratória em direção ao útero materno, para renascer pela nossa Joana, decerto encontrará dificuldades. Precisamos amenizar a situação, preparando seu corpo perispiritual de maneira que suas vibrações correspondam ao que está programado para sua próxima experiência física.

— Sim — falou Ernesto, dirigindo-se a Jessé. — Como você mesmo já sabe, é preciso que retorne outra vez à Terra para as provas que estão reservadas ao seu espírito. Na noite passada, seus futuros pais foram trazidos ao nosso plano a fim de entrarem em contato com você.

— Claro, me lembro, embora ainda não possa compreender direito esse retorno à vida na matéria. É que em minhas antigas crenças não fui informado quanto à reencarnação da forma como vocês falam.

— Teremos tempo para entrar em detalhes — falou Ernesto. Por ora, meu amigo, é importante que trabalhemos com seu corpo perispiritual. É preciso que se proceda a uma intervenção em suas linhas de força.

— Está tudo pronto, meus amigos — falou um dos espíritos que trabalhavam no departamento de reencarnação, ao qual denominávamos Departamento Vida Nova.

Apontou em direção a uma maca, onde Jessé deveria deitar-se. À primeira vista parecia que o espírito reencarnante iria se submeter a um exame daqueles que se realizam na Terra. Vários aparelhos foram posicionados acima do corpo espiritual de Jessé. Algumas telas suspensas mostravam uma confusão de linhas coloridas e focos de luz que eu não soube interpretar.

— São as células do corpo espiritual — adiantou Cássio. — Elas são exibidas ampliadas, a fim de nos facilitar o trabalho de magnetismo do perispírito. Para que Jessé, ao reencarnar, possa ser poupado de possíveis contaminações de vírus ou bactérias, é preciso acelerar as vibrações das células do seu psicossoma ou corpo espiritual. Temos de proceder com a máxima precisão. Não pode haver margem de erro, senão o processo reencarnatório poderá ser prejudicado.

Observando meu olhar de espanto quanto àquelas providências, Ernesto me socorreu explicando:

— Você não ignora, Ângelo, que Joana teve um comportamento de risco, expondo-se ao uso de drogas injetáveis e outros abusos. Do projeto reencarnatório de Jessé, não faz parte nenhum fator que comprometa seu renascimento. Eis por que estamos trabalhando com muito cuidado diretamente sobre aquilo que denominamos linhas de força do corpo espiritual.

— Então é possível que do nosso plano possamos interferir de tal maneira no processo reencarnatório que seja fácil impedir determinados problemas no futuro corpo físico do reencarnante?

— Claro, meu amigo — adiantou Cássio. — E como você explica muitos casos que a medicina ou a ciência da Terra ainda não conseguiram solucionar? Porventura não conhece os casos de crianças que nascem de pais contaminados com determinados vírus, como, por exemplo, o HIV? São correntes os relatos de crianças de pais soropositivos que nascem sem se contaminarem. Existem casos em que, mesmo a criança nascendo soropositiva, acaba negativando com o passar do tempo, tendo uma vida promissora e com qualidade.

— Na verdade, não costumo acompanhar esses casos — falei. — Entretanto, considero interessantes as observações de vocês.

— É o que você pode ver que estamos realizando com o corpo perispiritual de Jessé. Através de intenso campo magnético estimulamos a região do corpo espiritual que corresponde ao timo. Essa glândula, conforme observações da própria ciência da Terra, é responsável pela maturação de linfócitos T.

— Então — continuou o companheiro Ernesto — ao

criarmos um corpo magnético de alta resistência em torno da região correspondente ao timo, estaremos favorecendo o sistema imunológico do futuro corpo de Jessé.

— Creio que compreendi — falei. — O sistema imunológico é o responsável pelas defesas do organismo físico...

— Não é bem isso, companheiro — interferiu Cássio. — Na verdade, o sistema imunológico funciona como elemento de equilíbrio, e não de defesa. Mas este assunto é muito técnico; outro dia voltaremos a ele.

— Como esse tratamento todo poderá influenciar o futuro corpo de Jessé, se estamos operando fora da matéria, antes mesmo da união sexual de seus futuros pais?

— Após a união do casal na Terra, ao se consumar o ato sexual, temos um tempo aproximado de 72 horas para realizar a ligação magnética entre o espírito reencarnante e a célula-ovo. Toda a nossa ação do lado de cá será transmitida automaticamente às células em formação no útero materno. Além disso, podemos considerar que o mesmo processo foi realizado no espírito de Paulo, o futuro pai.

— Não entendi...

— É que Paulo, ao se unir a Joana, não ficará isento de possíveis comprometimentos na área física. Devido à interferência de abnegados mentores da Vida Maior, Paulo foi favorecido com uma interferência espiritual e magnética semelhante à que estamos realizando em Jessé. Ele não precisa comprometer sua saúde no contato mais íntimo com Joana.

— Então Joana está contaminada...

— Creio que você já sabe por que tantos cuidados com o futuro pai de Jessé e com o próprio Jessé. Ambos não têm necessidade de passar por certas provações.

— E Joana, como ficará?

— É bom esperar para ver, Ângelo — retornou Ernesto. — Devemos nos ocupar com Jessé, que neste momento está sob a influência magnética dos companheiros do departamento.

Observei Jessé e vi que seu corpo espiritual se reduzia cada vez mais. Três espíritos se posicionavam ao lado da maca, que se mantinha suspensa nos fluidos do nosso plano. O perispírito do reencarnante assumia a forma de criança, reduzindo seu tamanho de maneira acentuada. Quanto mais os espíritos magnetizadores trabalhavam com os fluidos no corpo espiritual de Jessé, mais e mais o fenômeno de redução se processava diante de nossos olhos. Por um momento, pareceu-me que Jessé era apenas um embrião. Ele assumiu essa forma, e aí o fenômeno foi interrompido, para que fossem trabalhados os campos de força que definiriam qual dos 200 milhões de espermatozóides iria se destacar para romper o óvulo e iniciar o processo da multiplicação das células.

Fiquei maravilhado diante do que via. À medida que os magnetizadores atuavam na forma espiritual de Jessé, vários campos de força iam se formando em torno de seu perispírito. Senti-me emocionado diante do que presenciava, pois nunca tinha visto algo parecido.

Nas telas suspensas sobre o leito onde Jessé se encontrava, agora na forma fetal, só se observavam linhas de força luminosas, que eu entendi serem a representação das células espirituais que compunham o perispírito. Era algo com que se maravilhar.

Aos poucos a forma espiritual de Jessé foi se reduzindo ainda mais, até assumir a forma de ovo, mais precisamente uma forma ovóide luminosa, que foi confiada a Cássio. O bondoso mentor aconchegou a forma espiritual de Jessé como algo de imenso valor.

— Ele agora dorme — disse-nos Cássio. — Jessé está mergulhado na recordação de seu passado.

— O que estará pensando neste momento? — perguntei.

— Este é um momento sagrado para todo espírito. Assim como a morte do corpo físico, no fenômeno da desencarnação, provoca reflexões profundas no recém-desencarnado, ocorre o mesmo próximo ao retorno do espírito à Terra.

— Quanto ao aprendizado de Jessé na próxima experiência no corpo físico, como conciliar as antigas crenças do sistema judaico, ao qual Jessé se afeiçoara, com a nova realidade?

— É natural que o espírito reencarnante não faça essa transição de uma maneira tão brusca assim. Jessé será abençoado com uma orientação espírita em sua infância. Eis por que ele será filho de Paulo. Entretanto, suas tendências ou convicções íntimas não se modificarão de maneira tão rápida. Ao atingir a adolescência no novo corpo físico, ele com certeza experimentará dúvidas e momentos de indecisão. Nesse estado íntimo eclodirá seu passado espiritual. É possível, então, que ele se afeiçoe a outra religião que tenha uma doutrina mais de acordo com a sua necessidade evolutiva e sua capacidade de assimilação.

— E quanto ao aspecto físico, como entender direito a atuação de Jessé e de todo o tratamento recebido do lado de cá nas células espirituais do futuro corpo?

— Creio que mesmo explicando tudo direitinho e com maiores detalhes, Ângelo, você ainda ficará sem compreender direito. Falta-lhe experiência na área médica ou no campo das ciências. Isso por si já é um obstáculo para que compreenda certos mecanismos da reencarnação. Mas, se se dedicar às observações, poderá com certeza aprender muita coisa a respeito dos campos magnéticos do perispírito e sua atuação nas células do corpo físico.

Para mim, o companheiro espiritual parecia estar falando grego ou aramaico. Eu não compreendia muita coisa de ciência espiritual. Minha atuação na última existência física fora como jornalista e escritor. Mas, por ora, dei-me por satisfeito com as observações. Aguardaria outra oportunidade de esclarecimento.

Dias antes, Paulo fora desdobrado através do sono físico. Com ele também foi realizado um tratamento parecido, que se diferenciava apenas na questão da redução do perispírito.

Paulo já estava reencarnado e precisava ser auxiliado magneticamente a fim de fortalecer, de estimular a produção de linfócitos T em seu organismo. A região do baço e do pâncreas no corpo físico fora especialmente visada no tratamento. Tudo concorria para o sucesso do plano reencarnatório de Jessé e da manutenção da saúde de Paulo.

Joana, a pupila de Cássio, também era amparada. Nossa equipe de trabalhadores espirituais fazia de tudo para que o retorno de Jessé às provas na Terra transcorresse num clima de mais tranqüilidade. Aproveitaríamos o casamento de Joana e Paulo e conduziríamos a alegria reinante naquele momento especial para auxiliar os espíritos envolvidos.

19

Reencarnação e vida

Aí, sentindo uma vida pulsar dentro de mim...

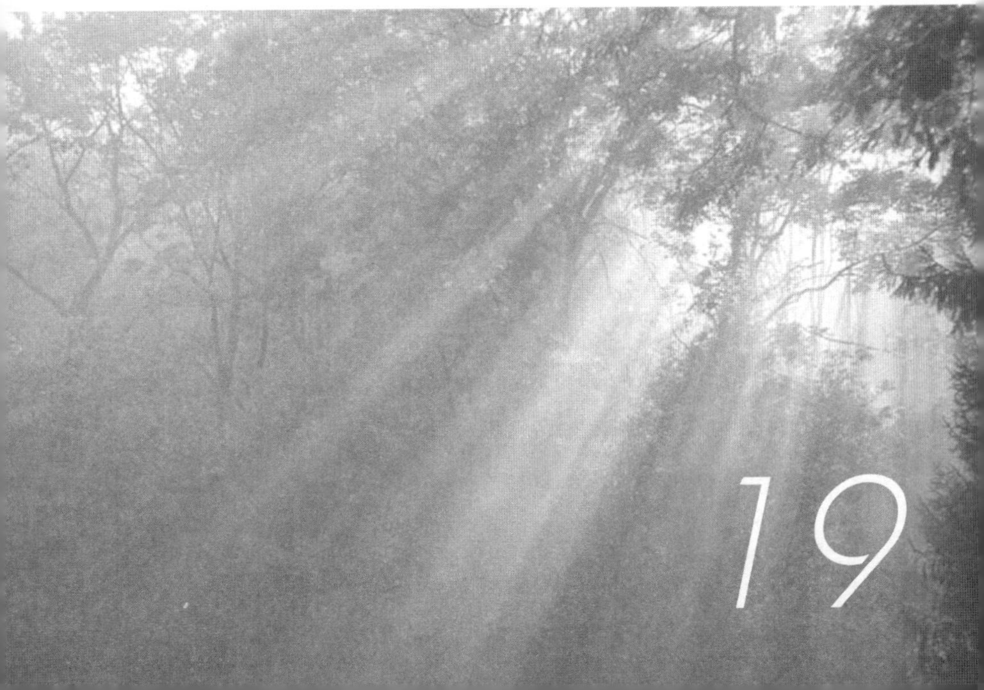

Paulo e Joana já haviam consolidado o casamento conforme as leis do país. Dirigiram-se para uma região turística do sul do Brasil, onde passariam a lua-de-mel. Fomos encontrar o casal já hospedado num hotel-fazenda, onde teriam uma semana de lazer, comemorando a nova etapa de suas vidas. Aproximamo-nos do apartamento, Cássio, Ernesto e eu, juntamente com o espírito de Jessé, que entrava numa espécie de transe, ao se aproximar cada vez mais do momento em que seria ligado ao futuro corpo. Enquanto o casal desfrutava de sua noite de núpcias, esperávamos do lado de fora, para não sermos indiscretos e nem interferirmos em sua privacidade. Pude observar que em volta do apartamento onde se encontravam havia sentinelas, que mantinham guarda do lado de fora.

Estranhei a presença daqueles espíritos, entretanto mantive-me calado. Ondas de magnetismo pareciam irradiar do local. Era como se poderosa usina de força entrasse em ação de um momento para o outro. Notei que essas ondas de energia magnética pareciam pulsar em tonalidades de cores variadas. Também observei que descargas elétricas pareciam abalar de vez em quando a estrutura desse campo de energia que se formava em torno do local onde o casal estava. Enquanto observava atentamente esse estranho campo eletromagnético, Ernesto e Cássio cuidavam de Jessé, cuja forma espiritual se encontrava reduzida. Notei que o espírito reencarnante parecia pulsar de acordo com as ondas de magnetismo que eu observava. Foi Ernesto quem me adiantou explicações:

— Não passa despercebida sua curiosidade, Ângelo. Creio que para você a situação poderá até se afigurar inédita, mas, definitivamente, não é uma ocorrência isolada e nem mesmo estranha. Quando o casal se une dentro da proposta do amor e com o devido respeito, é natural que entre em sintonia com as esferas superiores da vida. Portanto, não estranhe que haja sentinelas por aqui. A presença desses espíritos guardiães se explica devido à necessidade de preservar o leito conjugal de espíritos vândalos ou da ação de obsessores. O momento da união sexual é muito mais do que o simples extravasar do erotismo ou da sensualidade. Na verdade, esses dois fatores são veículos importantíssimos para que o casal libere certa cota de magnetismo. Durante a relação amorosa, as pessoas imantam-se umas às outras de tal maneira que há uma transfusão de energias.

Um alimenta-se do outro, não num processo mórbido de vampirismo, porém na transmutação e troca de forças eletromagnéticas, que se traduzem fisicamente pelo orgasmo. Esse é o momento culminante da transfusão sublime de energia. Cada parceiro recebe a cota de magnetismo que o completa. Sente-se, dessa maneira, refeito.

"Quando o casal vibra em verdadeiro amor, como é o caso de Paulo e Joana, o extravasar das emoções e a exsudação do magnetismo são tão intensos que formam ondas de energia em torno dos parceiros. É o caso dessas irradiações que você percebe. Ao mesmo tempo em que esse fenômeno divino que alicerça e nutre o casal serve como combustível das emoções superiores, também realiza a função de atrair e estimular o espírito reencarnante para a sua aproximação dos futuros pais."

— Então Jessé sente essas ondas magnéticas com essa intensidade toda?

— Tudo no universo obedece à lei da sintonia, meu amigo. Com Jessé, Paulo e Joana, as coisas não ocorrem diferentes. Nosso querido Jessé teme enfrentar as novas experiências que a reencarnação lhe proporcionará. Nossa presença aqui e a natural influência magnética dos seus futuros pais servem-lhe como estímulo para a nova reencarnação. Mas ele só percebe essa influência na medida exata de sua necessidade e capacidade de assimilação.

Passado algum tempo, adentramos o apartamento onde

o casal estava repousando. Os dois dormiam abraçados, sentindo-se completos e plenos de amor.

Com passes longitudinais, Cássio, o iluminado amigo, desdobrou Paulo e Joana, que conservavam a lucidez em nossa presença. Os dois, em espírito, pairavam acima do leito e nos receberam de braços abertos.

Emocionada, Joana avistou Jessé, cuja forma espiritual estava reduzida, e o abraçou, tomando-o do instrutor espiritual. Lágrimas desciam da face da moça, que era amparada por Paulo. Pude observar como o fenômeno do magnetismo da mãe auxilia o filho reencarnante no processo de adaptação fluídica. Uma corrente energética envolvia Paulo e Joana, que, desdobrados, recebiam Jessé como filho. Era como se a forma perispiritual do antigo verdugo de Joana fosse tragada pelo espírito da mãe. Houve uma justaposição de ambos no momento em que Joana espírito aconchegava seu futuro filho nos braços. Sinto-me pobre em meus recursos para encontrar palavras que descrevam a beleza e as emoções daquele encontro.

Sem dizer uma única palavra, Ernesto e Cássio aplicaram passes magnéticos no casal, que estava projetado em nosso plano. Ambos foram conduzidos aos seus corpos. Permaneceram dormindo e com a sensação de sonho.

A uma indicação de Ernesto fixei minha atenção no corpo de Joana, que repousava no leito. Observei que na região do útero o óvulo já se encontrava fecundado, envolto por uma estranha luminosidade. O espírito de Jessé, reduzido em sua forma espiritual, adaptara-se às mesmas dimensões da célula-ovo e pulsava no ritmo dela. Começava ali o processo de materialização de Jessé no mundo das formas. O útero de Joana fazia o papel de uma câmara de materialização, através do qual o mundo receberia mais um filho de Deus.

Enquanto Ernesto cuidava de Joana e Jessé, que já se encontrava adaptado ao ventre materno, Cássio dirigia a Paulo suas atenções.

— Tenho de levá-lo urgentemente comigo para continuar seu tratamento de proteção magnética.

— Mas ele já retornou ao corpo físico e agora repousa...

— Não temos tempo a perder, Ângelo. Lembra-se de Jacó, o companheiro que nos serviu de médium, doando seus fluidos para Paulo?

Lembrei-me imediatamente da operação de transfusão fluídica realizada com Paulo desdobrado. Creio que, na época, não compreendi direito o porquê de todas aquelas providências.

— Vá buscar Jacó, Ângelo. Neste momento ele está se preparando para dormir. Ministre um passe longitudinal e desdobre-o. Precisamos dele imediatamente.

Saí atrás de Jacó para trazê-lo ao nosso plano, sem entender muito o que ocorria. Fui levitando nos fluidos da atmosfera, enquanto pude ver de relance uma equipe espiritual de nossa colônia aproximando-se rapidamente do apartamento onde repousava o casal.

Ao retornar, já com o espírito de Jacó desdobrado, vi que havia muita movimentação dentro do quarto. Cássio havia desdobrado Paulo, que neste momento estava semiconsciente do nosso lado.

Através do sono físico todos os seres humanos se desdobram ou se projetam espiritualmente em outras dimensões além do mundo material. Médiuns esclarecidos conseguem maior expansão de suas consciências e auxiliam os espíritos em diversas tarefas do lado de cá da vida. Aqueles que se desdobram podem conservar ou não a consciência em outras dimensões. No caso de Paulo, por efeito do magnetismo de Cássio, ele conservava-se semiconsciente do nosso lado, enquanto Jacó, abandonando seu corpo temporariamente no leito, trazia a mente lúcida, auxiliando-nos quanto podia.

Cássio, aproximando-se, falou:

— Temos pouco tempo para agir.

Paulo conservava-se ainda sob o efeito do tratamento magnético que realizáramos antes. Ele não desconfiava que Joana estava contaminada com o vírus HIV. Entretanto, teve méritos suficientes para obter auxílio superior e nos foi permitido auxiliá-lo diretamente.

— Paulo deve continuar no corpo físico por muito mais tempo, tendo em vista suas tarefas espirituais. No contato mais íntimo com Joana, nosso amigo contraiu o vírus, que está inibido em sua ação devido à nossa influência. Mas isso não é o suficiente. Precisamos dos fluidos de Jacó a fim de movimentarmos a aparelhagem que isolará completamente o vírus no organismo do nosso tutelado.

— Estou à disposição — falou Jacó desdobrado. — O que devo fazer?

Dentro do quarto foram montados diversos aparelhos e dois leitos, que pareciam leitos de hospital, porém se mantinham suspensos no ar.

Apontando para um dos leitos, Cássio pediu que Jacó se deitasse, enquanto a equipe médica espiritual ligaria o plexo solar do médium aos diversos aparelhos. Dois tubos feitos de matéria translúcida também seriam ligados a Jacó. Paulo foi conduzido para o outro leito e, como num transe, deixou-se guiar pelos espíritos que orientavam seu destino. Cássio conduzia tudo, mantendo-se ligado mentalmente com Ernesto.

Vi que determinado aparelho parecia rastrear o corpo de Paulo, conduzido por um espírito do nosso plano, enquanto Paulo espírito era submetido a intensa ação magnética.

— Conseguimos isolar alguns vírus no corpo de Paulo — falou Cássio —, mas agora é preciso uma ação mais intensa. Em nosso plano os espíritos afinizados com o campo científico ainda não descobriram a cura para o HIV e a aids. Contudo, temos notícia de planos mais avançados onde espíritos sublimes já dominam completamente a ação do vírus destruidor. Observe, Ângelo.

Dirigi meu olhar para o corpo de Paulo, estendido na cama ao lado de Joana. Seu espírito desdobrado conservava-se ligado ao corpo físico por um fio prateado. Agucei minhas percepções e pude ver, próximo à região da coluna e do baço, uma espécie de colônia de vírus; mantinham a aparência de pequenas bolhas de luz de tonalidade cinza, porém brilhante, contidos em uma proteção magnética.

— Por enquanto não podem causar danos às células sangüíneas, devido a todo o preparo que fizemos no perispírito de Paulo antes do seu casamento. Mas agora agiremos de maneira a isolar completamente o vírus.

Falando assim, Cássio auxiliou os técnicos do nosso lado com um pequeno aparelho, que media aproximadamente a metade de uma mão humana.

Ao aproximar o aparelho do perispírito de Paulo, que se conservava desdobrado, uma corrente de fluidos parecia percorrer o cordão fluídico que o ligava ao corpo físico.

Do corpo espiritual de Jacó também partiam correntes magnéticas de grande intensidade. Eram fluidos, magnetismo ou energia vital utilizados pelo pequeno aparelho, em benefício da saúde do nosso protegido.

— Este aparelho — falou agora Ernesto — emite uma radiação semelhante à das bombas de cobalto da Terra. Naturalmente que do lado de cá da vida nós utilizamos essa tecnologia de acordo com orientações superiores. Só em caso de auxiliar alguém. Essas radiações são conduzidas de forma a impedir a ação do vírus. Têm uma ação antiviral mais permanente.

— Então Paulo não sentirá nada após o tratamento? — perguntei.

— Mesmo que ele faça exames necessários para detectar o HIV e seja observada a presença do vírus, ele nada sentirá. O vírus permanecerá em seu organismo, porém não poderá causar-lhe mal, não destruirá as células de defesa nem poderá se multiplicar.

— E quanto a Joana?

— Devemos conduzir a situação de acordo com as necessidades dos nossos amigos encarnados. Joana precisa de outro tipo de tratamento. De acordo com seu programa reencarnatório, precisa retornar em breve para o nosso lado, a fim de refazer-se e preparar-se para novas oportunidades de crescimento. Façamos a nossa parte e confiemos os resultados às mãos de Deus.

Aos poucos foi cessando a movimentação do nosso lado. Jacó foi reconduzido ao corpo físico por Ernesto, que procurou diluir as lembranças daquelas experiências em sua memória.

Paulo retornou para o corpo físico sem se lembrar de nada, e um a um os espíritos de nossa equipe foram se afastando para novas tarefas.

Fiquei por último. Pude presenciar o momento em que Joana acordava. Abraçada a Paulo, emocionada até as lágrimas, falou bem baixinho:

— Tive um sonho, meu amor. Sonhei que estava entre um tanto de amigos e recebia um presente muito especial.

— Talvez sejam os espíritos que queriam nos dizer algo — respondeu Paulo.

— Será que eles não nos deixam sozinhos nem em nossa lua-de-mel?

Sorrindo para a mulher, Paulo respondeu:

— Em momento algum, meu amor. Em momento algum. Em geral são eles, os espíritos, que nos dirigem...

Abraçados, adormeceram os dois.

O passado ressurge

Eu o havia procurado...

20

Aquele verão fora especialmente difícil para mim. Desde que me casei com Paulo, uma doce vibração de harmonia parecia dominar o meu espírito. Seria talvez pelo fato de haver me casado? Ou seria outra coisa que estava acontecendo comigo e que naquela época não sabia definir? Sentia-me numa espécie de torpor. Não poderia de maneira alguma reclamar do meu casamento. Entretanto, a saúde parecia oscilar a cada dia. Estava grávida. Creio que esse foi o maior de todos os acontecimentos de minha vida. Estar grávida agora representava para mim um estado de espírito de intensa satisfação comigo mesma.

Não saberia descrever o que acontecia dentro de mim. Uma força diferente se apoderara de meu ser. Sentia-me a cada dia modificar em minhas entranhas. Algo ou alguma presença trabalhava não somente meu corpo em sua intimidade, mas também minha alma. Deleitava-me a cada mudança que observava em meu corpo. Acordava à noite muitas vezes suada, como se tivesse visões. O tempo parecia se dilatar ao meu redor. Mas não queria falar disso com Paulo. Não! Ele não precisava se preocupar com essas coisas. Incomodavam-me sobremodo as imagens que via nessas visões da noite; seriam fantasmas de outros tempos? Será que Paulo tinha razão quando falava em reencarnação?

Eu via uma cidade estranha, cheia de gente que eu não conhecia. Era um outro país. O clima quente fazia meu corpo produzir intenso suor. Uma música desconhecida para mim parecia estar presente todo o tempo nessas minhas visões. Eram sons de uma outra época. Alguém se aproximava e me chamava. Mas eu não me reconhecia na figura daquela mulher vestida com trajes diferentes. Meu nome é Joana. Joana Gomides. E aquela mulher que eu sentia ser eu mesma, embora num sonho, chamava-se Miriam. Ah! Mas era apenas um sonho, ou melhor, foram vários sonhos, muitas e muitas noites de sonho durante o período de minha gravidez.

Mas o tempo passava veloz sobre os acontecimentos de minha própria vida. Paulo, o meu Paulo, sempre alegre e satisfeito, não desconfiava de que eu vivia um estado de espírito indefinível, talvez com uma certa angústia, que eu tentava disfarçar com sorrisos amarelos ou com as visitas sempre constantes a minha mãe ou à casa de minha sogra, que se demonstrara uma segunda mãe para mim.

Algo estava acontecendo dentro de mim. Mas o que exatamente? Não saberia dizer. Vez ou outra me sentia confusa e distante das pessoas. Seria a gravidez? Todas as mães se sentiam assim num ou noutro momento? Sentia-me fraca e abatida, e parecia que as minhas forças iriam me abandonar de um momento para o outro. Paulo se preocupava comigo.

— Ora, Joana, você sabe que sua saúde é delicada. Você não cumpriu o nosso trato de antes do casamento.

— Que trato, Paulo? Não me lembro de haver prometido nada a você...

— Claro que prometeu. E a consulta que você disse que faria a respeito de sua diabete? Lembra-se de nossa conversa?

— Ah!...

— Agora está se lembrando. Pois bem. Sua gravidez é uma gravidez de risco, como nos falou o médico, e você se recusa a realizar exames...

Eu sabia que algo estava para acontecer, porém não conseguia definir o objeto de minhas preocupações. Paulo tudo fazia para que eu procurasse um médico e me tratasse. Ele usava de todos os recursos para me estimular. Eu não arredava o pé. Só faria os exames relativos à gravidez. O chamado pré-natal. Nada mais. Tinha pavor de médicos. A experiência na clínica até que fora gratificante, mas lembro-me bem dos momentos que passei quando fizera o exame anti-HIV. Passei por um inferno. Na verdade não fora o médico o culpado pela situação difícil que eu passara, mas a minha neurose quanto às doenças. Sim! Foi isso mesmo que Paulo disse a respeito de minhas reações com os exames. Só de ir ao médico já criava um certo inferno particular e somatizava todos os medos de minha alma. Fui até num psicólogo. Ele me disse que eu tinha um sentimento arraigado dentro de mim. Era uma culpa muito grande. Assim, eu me punia inconscientemente, somatizando os medos que eu não tinha coragem de enfrentar. Seria mesmo isso? Eu não entendia direito essas coisas de psicologia, mas confesso que também não queria entender.

Cada dia mais me sentia diferente. Com minha recusa em ir ao médico, meu estado de saúde foi se agravando a cada dia, e os meus medos também...

— Temos de correr para o hospital com Joana, D. Altina; ela não está nada bem...

— Ah! Meu Deus! Essa menina ainda me dando trabalho. Agora é pior, pois está para dar à luz, e são dois que correm perigo. O sangue de Jesus tem poder! Faça alguma coisa, Paulo. Eu vou ajudar Joana nos preparativos.

— Vou telefonar para o médico, D. Altina. Prepare Joana.

Coitada de minha mãe. Ela sempre às voltas com meus problemas. A essa altura, viera morar conosco, a fim de me auxiliar no período difícil da gravidez. Foi insistência de

Paulo. E D. Célia, minha sogra, também ficava de plantão. Eu nem imaginava que aquele seria o início do meu calvário. Completavam-se sete meses de gravidez. Foram sete meses difíceis para mim e para minha família.

— O que está acontecendo, doutor? Por favor, me fale.

— Calma, rapaz! É muito difícil falar acertadamente de uma só vez. Mas posso lhe dizer que sua mulher não poderá voltar para casa hoje. Ela necessita ficar internada, para o bem dela e da criança. Isso eu não posso mudar. Afinal, como você sabe, é uma gravidez de alto risco, e, devido à saúde de Joana, que é mais delicada, creio que talvez tenhamos de retirar a criança antes da hora.

— Retirar a criança? Como assim? Então...

— Não se preocupe dessa forma. Esse é um procedimento comum. Não falo de aborto, mas de uma cesariana e da possibilidade de a criança nascer antes dos nove meses.

— Mas isso não é de grande risco?

— Certamente não é a forma mais desejável, Paulo; entretanto, é um procedimento muito comum hoje em dia. Se a criança tiver de nascer com sete meses, com certeza será tratada com muito cuidado. Ficará em lugar apropriado até que complete o tempo necessário para poder ir para casa. Não se preocupe quanto à criança.

— Mas e quanto à saúde de Joana? Devo me preocupar?

— Bem... não posso lhe enganar quanto a isso. Joana não apresenta um quadro tão animador assim, mas temos recursos também para reverter a situação e dar-lhe a assistência necessária.

Minha mãe rezava constantemente, a fim de que Jesus enviasse seus anjos para me proteger. Nenhum de nós imaginava como era grave o meu caso. Creio que nem o médico imaginava isso. Fiquei internada durante um bom tempo. Acho que foi um tempo suficiente para eu realizar uma análise bem detalhada de minha vida. Como eu havia mudado...

— Sabe, Paulo, sonhei esses dias com Cássio, o meu marido. Parecia que ele queria me dizer alguma coisa e eu não conseguia entender direito...

— Não se preocupe, D. Altina, talvez seja apenas fruto de suas preocupações, já que a nossa Joana não está nada bem.

— Talvez, Paulo, talvez. Sinto que alguma coisa ruim está para acontecer.

— Que é isso, minha sogra? Ainda mais a senhora, que tem tanta fé em Deus, fica pensando bobeira assim?

Paulo ficou ensimesmado, pois sabia muito bem que os sonhos de minha mãe não eram simples sonhos. Ela parecia ter algumas revelações. Desde uns anos para cá, minha mãe, apesar de ser crente, não era assim tão ortodoxa...

— Sabe, Paulo, você entende muito mais a respeito desse negócio de espírito, não é, meu filho?

— Claro, D. Altina. Tenho estudado um pouco o espiritismo. Mas o que a senhora quer dizer?

— Você sabe, meu filho, que eu sou crente no Senhor Jesus, e Deus me livre das obras do diabo. Mas quero confessar uma coisa para você...

— Fale, D. Altina, assim a senhora me deixa preocupado...

— É que eu tenho conversado com os espíritos...

— Com o quê?

— Com os espíritos, Paulo. Isso mesmo.

— Mas... eu não entendo...

— É que por muitos anos fui ensinada na igreja que o Espírito Santo batiza os crentes. Depois de muitas orações e noites e noites de vigília junto com os irmãos lá da igreja, fui visitada por um anjo do Senhor.

— Anjo do Senhor...

— Sim, Paulo. Pelo menos eu julgava que era um anjo do Senhor. E lá na igreja nós temos muitos irmãos que são profetas, que vêem os mensageiros de Deus e profetizam as mensagens deles para a igreja e para os fiéis. Só que, de uns tempos para cá, tenho observado melhor esse anjo do Senhor. E descobri uma coisa muito interessante.

— O que é tão interessante assim, D. Altina? Por acaso a senhora está se convertendo ao espiritismo?

— Não brinque com isso, meu genro. Até parece que você não conhece dessas coisas. É que, durante nossas orações, aparecem muitos mensageiros, que o nosso pastor nos ensinou a interpretar como sendo os anjos de Deus. Mas tanto eu como uma irmã profetisa lá da igreja temos observado melhor esses anjos. E não é que um deles tem a cara do meu Cássio?

— Mas vocês não dizem que é o Espírito Santo que fala através de vocês?

— É claro que é, Paulo. E Deus me livre do pastor descobrir isso que eu estou lhe dizendo. Mas eu juro que os anjos que nós vemos são as almas do outro mundo.

Paulo deu uma gostosa gargalhada. Há muito que ele não ria tão gostosamente.

— Eu não falei nenhuma piada, Paulo. Sou uma mulher séria, uma serva do Senhor.

— Me desculpe, D. Altina, me desculpe. Mas é que eu tenho observado a senhora há muito tempo. Mesmo que tenha aceitado a fé protestante e freqüente uma igreja evangélica, não posso duvidar de que é uma médium...

— Médium não, pelo amor de Deus. Sou batizada no sangue de Jesus e no fogo do Divino Espírito Santo. Eu sou profeta. Uma profetisa do Senhor.

— Que seja, D. Altina. É apenas uma questão de nomes.

— Eu vejo os anjos do Senhor da mesma forma que o pastor e os irmãos que são batizados...

— Mas a senhora acaba de me dizer que os anjos são

almas do outro mundo...

— É apenas uma questão de nomes, como você diz. Mas o pastor não precisa ficar sabendo...

— E Jesus, será que ele pode ficar sabendo que o Espírito Santo dele é apenas o espírito de alguém que já morreu?

— Ah! Paulo, enquanto Jesus estiver calado e não falar nada contrário é sinal de que ele concorda com tudo, não é? Afinal, se uma alma aparece na igreja, é porque é uma enviada de Deus. É melhor a gente deixar tudo do jeito que está. Eu prefiro não perguntar nada a Jesus em minhas orações...

— Por quê, D. Altina?

— Eu tenho medo da resposta...

Os dois se abraçaram e entenderam que, apesar das diferenças entre as religiões de ambos, todos eram filhos de Deus e que os anjos, os mensageiros ou os espíritos, tanto faz como se apresentem, são emissários do Pai para amparar seus filhos na busca da felicidade.

Entre o aqui e o Além

... Ele estava o tempo todo escondido bem dentro de mim.

21

— Temos de intensificar nossa ação junto a Joana, Ernesto. Creio que agora poderemos interferir mais diretamente.

— Claro, Cássio. Aproveitemos que ela está internada. A criança precisa ser amparada de maneira mais direta.

— Até tentei transmitir algo para Altina, porém creio que ela está muito preocupada com o estado da filha.

— Não é fácil romper as barreiras que nos separam do outro lado. As preocupações dos nossos amigos encarnados afetam as intuições que tentamos enviar a eles.

— Pelo menos agora Altina já sabe que sou eu mesmo que ela vê em suas preces. Isso já é um grande progresso. É muito difícil também romper as dificuldades causadas pelas crenças enraizadas. Os evangélicos têm estruturado seus pensamentos de tal maneira que dificultam nossa aproximação de uma forma mais ostensiva. Entretanto, se nos aproximarmos deles como se fôssemos uma manifestação do Espírito Santo ou dos anjos do Senhor, aí encontramos ressonância em suas crenças, em seus corações.

— Creio que temos de nos adaptar aos instrumentos que temos a nossa disposição...

— Bem, Ernesto, espero que você e Ângelo possam me acompanhar junto a nossa Joana.

Eu ouvia tudo, anotando cada detalhe da conversa. Pretendia acompanhar o caso à maneira do jornalista, que pretende fazer suas anotações e depois transmiti-las ao público. Afinal, eu pertencia àquela equipe de espíritos liderados pelo amor. Acompanhei o caso de Joana e Paulo em cada detalhe. Naquela tarde, após a conversa de Cássio e Ernesto, dirigimo-nos ao hospital onde Joana se encontrava internada. Aproveitamos o momento em que não havia visitas.

Ernesto aproximou-se do leito onde Joana se encontrava e observou mais de perto a criança que se formava em seu ventre.

— O nosso Jessé passa bem. Creio que, quanto a ele, não teremos de nos preocupar.

— Sim, Ernesto — falou Cássio — mas, por via das dúvidas, temos de reforçar o tratamento. Como você sabe, Paulo, o pai da criança — o nosso Jessé, que está em processo de reencarnação — também é objeto de nossas atenções.

— Claro, Cássio, como posso ignorar?

— Sei que você também acompanha o caso de nossos pupilos com muito interesse, afinal estamos todos ligados por laços indissolúveis de amor.

— Temos interesse na felicidade dos nossos companheiros. Embora para eles, que estão encarnados, talvez a felicidade signifique algo diferente daquilo que significa para nós, espíritos.

— É que aqui temos uma visão mais dilatada da realidade.

— Temos de trabalhar muito, Cássio, a fim de que um dia nossos irmãos encarnados possam também dilatar sua visão. Talvez, então, compreendam melhor certas questões delicadas da vida.

Fiquei curioso com a conversa dos dois mentores. Cássio, muito bondoso, socorreu-me em minha curiosidade.

— Veja bem, Ângelo, observemos o caso de Joana. Quem acompanha a situação dela do plano físico e com visão puramente material poderá ver em Joana a mulher que foi muito feliz ao se casar com Paulo. Para esses observadores encarnados, a questão da felicidade se resume apenas nisso, e qualquer contratempo que ocorrer com sua saúde talvez signifique algo profundamente incômodo, pois conhecem apenas o lado material da história.

Para nós, porém, a situação é diversa. Joana, Paulo, Altina ou Jessé, que está reencarnando através de Joana, são espíritos eternos. Nada mais justo que adaptarmos a nossa visão aos conceitos da eternidade. Sob essa ótica, as doenças ou enfermidades, os chamados transtornos da vida, assumem outros aspectos, relevantes para a verdadeira felicidade. São instrumentos para o despertamento do espírito.

— Creio que entendi — pensei.

— Veja bem o que ocorrerá com a nossa Joana. Ela já não poderá demorar mais no corpo físico. Nosso Jessé não poderá demorar a nascer. Se ele ficar muito tempo no ventre de Joana, poderá ser comprometida sua reencarnação.

— Não entendi...

— Lembra-se do tratamento que realizamos nos corpos espirituais de Paulo e Jessé antes de iniciar seu processo reencarnatório?

— Sim, claro! Acompanhei o caso com muito interesse.

— Pois bem, Ângelo; nosso Paulo só nos ofereceu recursos para o tratamento magnético porque em sua estrutura orgânica ele tem algo que, pela medicina, é considerado uma anomalia. Ou seja, ele tem uma formação celular anormal. Falo das células de defesa do corpo físico mais conhecidas como CD4. Devido a essa má-formação de suas células de defesa é que conseguimos interferir dessa maneira, acentuando ainda mais essa situação.

— Eu não entendo nada de células, medicina ou algo parecido.

— Nossa Joana está contaminada com o vírus HIV,

Ângelo. Dessa forma ela poderia transmitir o vírus a Paulo e à criança, não fosse a nossa atuação em suas células de defesa.

— Então, com o tratamento efetuado no perispírito de Paulo foi possível evitar a contaminação?

— Não é bem assim. Mas, considerando que o vírus penetra nas células de defesa do sistema imunológico e aí se reproduz, ele não poderá realizar sua ação destruidora caso essa mesma célula tenha uma formação diferente ou, utilizando-nos da linguagem popular, se a célula estiver com defeito. O que fizemos foi apenas aumentar essa deformação. Assim o vírus não poderá se multiplicar. Isso, naturalmente, foi também providenciado quanto ao nosso Jessé, já que ele deveria reencarnar através de Joana e Paulo.

— Ou seja — falei — com Jessé ocorreu o mesmo que com Paulo...

— Sim, meu amigo. Providenciamos para que a chamada deformação celular do CD4 fosse transmitida geneticamente para o futuro corpo do reencarnante. Com nossa ação magnética dirigida ao corpo espiritual de Jessé, assim que ele entrasse em contato com a célula-ovo em formação no útero de Joana, a ação magnética se intensificaria. Entretanto, não podemos correr o risco de submeter a criança, o nosso pupilo Jessé, a algum problema em seu futuro corpo. Ele precisa nascer urgentemente.

— Antes dos nove meses?

— Imediatamente, Ângelo. Mesmo com a nossa ação magnética, não podemos fazer milagres. Isso é o máximo que conseguimos realizar dentro de nossas limitações.

— E quanto a Joana?

— Temos de nos preparar para recebê-la entre nós.

Falando assim, Cássio se aproximou do leito e impôs suas mãos sobre Joana, iniciando uma operação magnética.

— Atenção, Dr. Maurício Durant! Atenção, Dr. Maurício Durant — era a voz que falava através da caixa acústica no hospital. — Favor dirigir-se ao bloco cirúrgico imediatamente.

— Vamos depressa — falou a enfermeira Leontina para a companheira de trabalho. Não podemos demorar. O estado dela piorou de um momento para o outro. Chame o Dr. Maurício Durant e depois telefone para a família. É urgente.

Joana foi conduzida pela enfermeira para a ala de emergência do hospital. Não poderiam demorar mais com os recursos médicos. Sua situação era emergencial. A criança e a própria Joana corriam perigo de vida.

— Precisamos realizar exames com urgência — falou o médico de plantão. — Ela tem dificuldade de respirar. Vamos recolher seu sangue antes do Dr. Maurício chegar.

Peça urgência na resposta.

Mal a enfermeira recolhera a amostra de sangue, o Dr. Maurício Durant, médico de Joana, entrava no CTI junto ao bloco cirúrgico, onde a moça estava estendida numa maca com vários aparelhos ligados.

Paulo, Altina e Célia, a mãe de Paulo, dirigiram-se para o hospital apressadamente.

Do nosso lado, muitos espíritos se movimentavam em torno de Joana, a fim de interferir no momento preciso.

Passado algum tempo, a família chegou ao hospital, e Paulo e Altina, a mãe de Joana, foram conduzidos à presença do médico.

— Eu sinceramente não entendo, Paulo, como Joana não está respondendo ao tratamento. Estamos fazendo tudo que está ao nosso alcance.

— Ela sempre teve a saúde delicada, doutor. Ainda mais que já usou drogas...

— Drogas? Mas você não me falou nada disso antes...

— Bem, eu pensei que Joana tivesse falado com o senhor; afinal, ela veio tantas vezes com D. Altina fazer suas consultas...

— É, Paulo — falou Altina. — Só que Joana sempre teve vergonha do passado dela... Eu insisti para que falasse com o médico...

— Isso é grave, Paulo, é muito grave. Joana não poderia ter

me escondido nada. Bem que desconfiei quando realizei os últimos exames. Ela apresentava uma resistência muito baixa. Perguntei se havia tido algum comportamento de risco...

— Ela teve, doutor, mas não se preocupe — falou Paulo, interrompendo o médico. — Ela fez o exame para ver se detectava o vírus HIV, e foi negativo.

— Ela não me disse nada... — respondeu o médico. — Por acaso ela repetiu o exame?

— Eu acho que não, doutor; pelo menos ela não me disse nada. Mas, afinal, o exame realizado deu negativo. Precisava repetir?

— Claro que sim, Paulo; é claro. E o médico que a consultou não pediu outros exames?

— Joana não deu tempo nem do médico explicar, doutor — falou Altina. Mal o médico falou o resultado, que era negativo, e Joana tomou o papel do exame de suas mãos e saiu correndo feito doida de tanta alegria...

— Foi um erro dela...

— Mas existe necessidade de realizar outro exame, doutor?

— Claro, Paulo. Considerando que Joana teve um comportamento de risco no passado, conforme você me diz, no mínimo seis meses depois os exames deveriam ser repetidos.

— Mas ela não teve nenhum comportamento de risco após os primeiros exames...

— Não é isso, Paulo. Não me entenda mal, por favor. É que o vírus HIV às vezes pode não ser detectado apenas com um exame. Ele mantém-se de certa forma escondido no organismo da pessoa por muito tempo. Existem exames mais precisos que detectam o vírus. Talvez o médico dela até sugerisse outros exames caso ela desse tempo para isso.

Paulo modificou-se totalmente a partir da conversa com o médico. Estava prestes a entrar num estado depressivo. E agora, o que seria de sua Joana? E a criança, seu filho tão querido e amado? Ainda não pensara no risco que ele próprio corria.

O médico pediu licença e saiu imediatamente. Deveria providenciar recursos emergenciais para a saúde de Joana e da criança. Antes, porém, pediu a Paulo a autorização para realizar exames anti-HIV em Joana. Ele não poderia fazer os tais exames sem o consentimento do paciente e, como Joana não tinha condições de falar, pediu a Paulo que desse a autorização. Acompanhamos Paulo e Altina com grande interesse. Cássio ficara junto de Joana, enquanto Ernesto e eu procurávamos auxiliar Paulo diretamente.

Procurando transmitir algum recurso terapêutico ao marido de Joana tanto quanto a sua mãe, Ernesto observou que na sala onde se encontravam havia uma garrafa com água cristalina. Dirigiu-se à mesa onde estava a vasilha de água e impôs as mãos sobre o recipiente. Por alguns instantes elevou o seu pensamento em atitude de oração, e de suas mãos desprenderam-se bolhas de luz coloridas, que caíam abundantemente sobre a água. Era o magnetismo divino que deveria impregnar o líquido precioso de recursos da terapêutica espiritual.

Ernesto olhou para mim após alguns momentos, e entendi logo o que deveria fazer.

Eu não tinha nenhuma vocação para mentor e nem de longe me parecia com um anjo do Senhor, mas mesmo assim me aproximei de Altina Gomides e impus minhas mãos sobre sua cabeça, pensando intensamente. Imediatamente ela captou o meu pensamento e dirigiu-se ao recipiente com água.

— Estou com sede, Paulo; você não gostaria de tomar um pouco de água também?

— É. Creio que sim — falou Paulo abatido. — Traga-me um pouco, por favor...

Altina ofereceu a Paulo o líquido abençoado. Ao sorver a água magnetizada, Paulo sentiu-se mais revigorado. Os pensamentos sombrios foram diluídos, e uma sensação de bem-estar invadiu-lhe a alma.

— Vamos fazer uma prece, D. Altina. Venha, vou chamar a mamãe também para participar.

Os nossos amigos se reuniram para pedir o socorro do Alto. Não desconfiavam, porém, que justamente o mal que queriam evitar era em si mesmo o socorro que estava a caminho. Era apenas uma questão de interpretação.

Nasce uma estrela

... vi que eu era mais do que uma sombra de mulher. Eu também era Deus.

22

Ele me acompanhou nos últimos momentos. Tocou-me de leve e sorriu aquele sorriso sofrido e amarelo. Paulo acompanhou-me pela última vez, até o local onde ele poderia assistir ao parto. A criança nasceria com sete meses apenas. E eu, apreensiva, mal conseguia, com meu olhar, me comunicar com o amor da minha vida. Paulo era tudo para mim. Nele me apoiei nas horas mais difíceis de minha existência.

Ah! Como a vida assume um novo valor para nós, quando estamos na iminência de perdê-la. Mas eu não sabia que a vida estava se esvaindo do meu corpo. E a vida estava também renascendo de minhas entranhas. Nascia a vida de minha própria vida.

Cruzei o olhar com o de Paulo enquanto me levavam na maca. Era uma sensação estranha aquela que senti. Mal conseguia forças para conservar a consciência lúcida, mas, nos poucos momentos em que conseguia lucidez, via a imagem de Paulo tentando sorrir, ao lado da maca.

Assistia a todos os preparativos à minha volta. Eu não saberia dizer se o parto seria normal ou cesariana. Não importava. Algo diferente estava acontecendo comigo. Vi quando o médico pediu a Paulo que se retirasse, e ele, olhando-me intensamente, depositou um beijo em minha face. Não sabíamos que seria nosso último beijo.

Estremeci ao ouvir de Paulo a frase:

— Eu te amo, Joana. Tudo vai dar certo.

Minha alma parecia se diluir em dor e pranto. E a minha mãe, onde estaria? Eu não a via. Como nos faz falta a presença da mãe nesses momentos angustiosos. É nessa hora que os sentidos parecem se aguçar, e, em apenas alguns minutos, conseguimos avaliar toda uma vida. Foi nesse momento de aflição que pude perceber de maneira mais intensa o valor de uma mãe. Eu agora seria uma mãe também. Eu era o próprio útero. Estava me dilatando a fim de dar à luz a própria vida. Vi como a mamãe foi e é importante para mim.

Eu não conseguia dizer nenhuma palavra, entretanto esforcei-me para me comunicar com o olhar. E creio que Paulo sentiu a força do meu olhar. Aos poucos eu via sua figura se transformando em uma silhueta. E Paulo se transformou em uma doce e terna lembrança, sempre cara e presente em meu espírito.

Meus sentidos se aguçaram ainda mais, e, num momento, pude perceber um pensamento. Foi apenas por um momento. Será que a criança, o meu filho, tentava me dizer algo? Uma avalanche de emoções irrompeu de dentro de mim. Parecia que eu ia explodir ou que pedaços de minha vida se transformariam em mil fagulhas. Não conseguiria descrever essas emoções e esses momentos especiais.

Sentia o meu filho se mover dentro de mim. Ele tentava se comunicar de alguma maneira, com uma linguagem que só há bem pouco tempo eu aprendera a decifrar. Era puro amor. Senti que nada no mundo importava mais do que viver esse momento especial, precioso. Esforcei-me o máximo que pude, mas os médicos e os enfermeiros corriam de um lado para outro, preocupados apenas com algumas coisinhas. Tentavam preservar minha vida a todo custo.

Esforcei-me ainda mais, e o que consegui foi entrar numa espécie de transe, em que meu espírito ultrapassou os limites do corpo, daquele quarto de hospital, do próprio mundo. Realmente me comunicava com meu filho. Senti que ele me compreendia e eu o compreendi. Falamos através de uma linguagem toda especial. Sem palavras, sem articulação da voz nos entendíamos.

O corpo não me importava mais. Agora meu filho era tudo. Concentrei nele minha atenção e canalizei para aquele momento toda a força de minha alma. Deixei-me inebriar pelo som de uma melodia que repercutia no íntimo de mim mesma. Nada no mundo importava mais do que a vida que nascia, do que o amor do meu filho.

Ouvia uma música que parecia impregnar o ar. Algo tentava distrair minha atenção. E toda aquela gente preocupada comigo, no hospital. Mas o hospital estava distante. Meu corpo era apenas um ninho onde eu poderia aconchegar mais um filho da vida. Ah! Mas aquela música... Seria uma cítara? Aquele som mavioso fazia minha alma estremecer, e pude me ver então com o meu filho nos braços. Eu o aconchegava. Seria um sonho? Eu delirava no momento da morte? Mas sonharia mil vezes, mil vidas viveria para sentir a intensidade daquele momento. Eu o abraçava em meu sonho, em meus delírios, em meu transe. Eu o abraçava ao som da cítara e das harpas, debaixo dos salgueiros ou em meio àquela paisagem bucólica que emergia de minhas lembranças. Era o êxtase que me dominava. Seria então o momento em que me diluía e me contorcia, a fim de receber meu filho que nascia para a vida.

— Veja, Joana, veja que bela criança veio ao mundo. Conseguimos! — falou o médico. — Conseguimos!

Eu o vi. E como me regozijei por viver aquele momento. Meu primeiro momento ao lado de meu filho e meu último momento no mundo.

Esbocei um sorriso ao ver a criança sendo mostrada a mim. Fechei os olhos para tentar ouvir a música da vida e não mais os abri.

— Joana, Joana! Levem a criança e façam tudo por ela! Temos que trazer Joana de volta — falou alguma voz desesperada.

Fechei os olhos. Mas não os abri novamente. Não consegui. Entretanto, eu via, percebia tudo a minha volta. Eu via e ouvia sem o corpo e fora do corpo.

Olhei para mim mesma e notei que pairava entre focos de luz. Eram luzes. Apenas luzes coloridas, brilhantes, diáfanas. Eram estrelas. Eu agora era também uma estrela.

Um final diferente

Ainda assim eu o procurava.

23

— Não tivemos como salvar a vida de Joana, Paulo — falou o médico. Conseguimos salvar a criança, mas Joana não resistiu ao parto. Você sabe, o estado dela…

Já se haviam passado alguns meses desde os acontecimentos. Paulo resolveu trazer Altina Gomides definitivamente para sua companhia. Ambos criariam o pequeno Túlio. Esse era o nome do filho de Paulo e Joana. Saudoso, preocupado quanto ao seu futuro e o de seu filho, Paulo procurou o médico a fim de obter maiores esclarecimentos quanto à situação.

— Mas não se preocupe, meu amigo, quanto a você e ao menino; não precisam se preocupar no momento. De acordo com os resultados dos exames, ambos estão bem. Não encontramos nada que justifique maiores preocupações.

— Mas Joana não estava com o HIV, doutor? Como o nosso Túlio pôde nascer sem nada? E quanto a mim?

— São os mistérios que a ciência não conseguiu ainda

explicar, Paulo. Mas vocês não são os únicos casos. Existem por aí muitos filhos de pais soropositivos que não apresentam nenhum sintoma ou em que sequer foi detectada a presença do vírus. Mas, se por um lado não conseguimos detectar nada em vocês, não se esqueça de que terão de voltar para novos exames.

— Então não temos 100% de certeza?

— Temos de continuar fazendo os exames periodicamente. Isso é tudo que posso dizer no momento.

— Então...

— Então aproveite a vida, rapaz. Gaste um pouco de energia por aí e viva. Viva com a máxima qualidade que você conseguir. Isso é o que importa. Não se deixe aprisionar por fantasmas.

Paulo deixou o consultório médico cheio de esperanças, mas também deixou para trás um médico profundamente abalado em suas convicções. É que ele não tinha explicações para o caso de Paulo. A mulher morrera com o HIV, entretanto não conseguira detectar nenhum vírus na criança nem no pai. Pelo menos por enquanto. Era algo a se pensar. Paulo e o filho deveriam ser pesquisados. Quem sabe não poderiam se transformar em cobaias para as pesquisas de laboratório?

Nosso pupilo prosseguia sua caminhada em direção ao futuro. Do lado de cá da vida, além dos limites da matéria, uma festa se realizava em comemoração à vida. Cássio, o instrutor Ernesto e eu juntamo-nos à comitiva para recepcionar Joana Gomides. Mas não era a mesma Joana de antes. Estava renovada, radiante, viva. O espírito de Joana apresentava-se a nossa visão vestida à semelhança das mulheres romanas do primeiro século. Uma túnica vermelha radiante, diáfana, cobria-lhe o corpo espiritual. O círculo se fechara. Dois mil anos de história se resolveram afinal. Dois milênios de sofrimento se findaram ante as portas do novo milênio que se iniciava. Era uma nova era, uma nova vida.

Na Terra, nossos personagens prosseguem ainda hoje suas lutas, suas tarefas, sua busca da felicidade. Do lado de cá prosseguimos nós, para outros campos, outras atividades.

Joana prossegue sua caminhada auxiliando agora como benfeitora de sua família, aprendendo as lições de fraternidade e amor em outros campos, em outras dimensões da vida.

Na Terra, Paulo dá prosseguimento à sua vida junto com o filho Túlio, e Altina, sempre maravilhada com as intuições que recebe do Alto, não abandona a igreja. Quando percebe o espírito de Joana se aproximar, entra em êxtase e, na plenitude do Espírito Santo, conforme ela diz, sai gritando em ritmo gospel:

— Oh! Glória! Glória! Glória, Senhor. Minha filha é uma "anja" do Senhor. Oh! Glória, aleluia.

Mas, antes que ela entre em transe mediúnico de tanto

gritar hosanas, a Divina Providência, que jamais desampara seus filhos, provê recursos, embora não muito ortodoxos, para chamar Altina à realidade.

— Altinn-naaa...! Altina queridinha, sou eu, sua amiga, a Mariquinha, querida.

Afinal, Deus, como diz o ditado popular, sempre escreve certo, mas, às vezes, por linhas tortas.

É que a vizinha tagarela e faceira permaneceria ali, junto a Altina, para lembrar-lhe de que ela estava na Terra e tinha muito a caminhar, muita paciência a exercitar.

Retrato de uma vida

por Joana Gomides

EPÍLOGO

Fui pedra, fui areia, talvez até fui uma pedra bruta que tentava ser gente.

A vida me ensinou a ser mais sensível. Vivi, errei e amei. Morri e renasci. Descobri que, durante todo o tempo em que errava, em que caminhava prisioneira de minha máscara, apenas procurava por Deus.

Eu o procurava. Mas não o encontrando a minha volta, mais e mais eu errava, por ruas, caminhos e atalhos. Ainda assim eu o procurava. Droguei-me, abusei do sexo na ânsia de encontrar a plenitude. Em vão. Não encontrei o Deus que eu procurava.

Fui também à igreja, mas, com uma pedra no lugar do coração, não me sensibilizei com as orações, os cânticos, as pregações. Eu procurava Deus em qualquer parte, em toda parte.

Revoltei-me nessa procura e, revoltando-me, neguei

que Ele existia. Mas mesmo na negação eu o buscava. Eu procurava pelo Pai.

Veio o amor, o amor por alguém que caminhava comigo. Comecei a entender que, em todo aquele tempo aparentemente perdido, apenas procurava pelas pegadas de Jesus.

Sei que não o encontraria entre os santos. Jamais o encontrei entre os salvos. Também não o vi nos altares das igrejas. Não o encontrei entre os eleitos. Por isso o procurei pelo mundo.

Todo erro, toda fuga é também uma procura.

A pedra se transformou em vegetal. Vi-me mais sensível pela experiência do sofrimento.

O vegetal se humanizou, e vim a saber o que era ser e sentir-se mãe.

Aí, sentindo uma vida pulsar dentro de mim, vi que eu era mais do que uma sombra de mulher. Eu também era Deus.

Eu o havia procurado, eu o havia esquecido, eu havia blasfemado contra Ele.

Mas por todos esses caminhos não o encontrei, simplesmente porque Ele estava o tempo todo escondido bem dentro de mim.

Algumas publicações

AltosPlanos

casadosespíritos

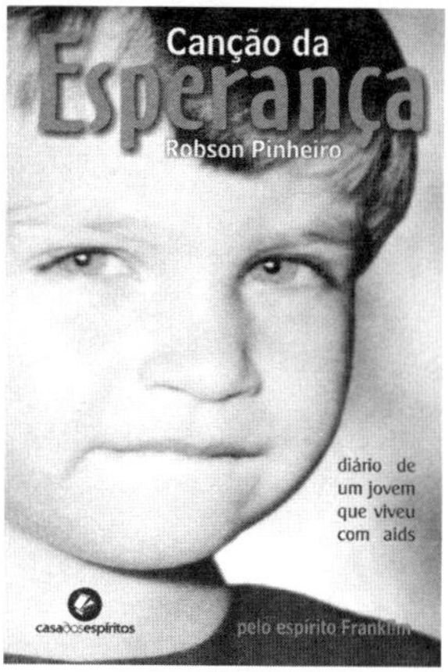

Canção da esperança
Diário de um jovem que viveu com aids
Robson Pinheiro pelo espírito Franklim

O depoimento de um jovem que viveu com aids e suas descobertas ao chegar ao plano espiritual. Acolhido nos hospitais do Além, relata o tratamento e a convivência com os espíritos, a forma como aprende a volitar, assim como as primeiras atividades de socorro de que participa. A visita à Crosta e a atuação junto aos encarnados, especialmente em um caso de implante de larvas astrais no corpo espiritual. Uma narrativa cheia de otimismo, que ajudará você a encontrar mais sentido na vida. Edição revista, com novo projeto gráfico e textos inéditos de autoria do médium e do espírito Cazuza. Prefácio pelas mãos de Chico Xavier.

ISBN: 978-85-87781-03-1
Gênero: romance mediúnico
Anos de lançamento: 1996/2002
Edição atual: 11 | 44 mil exemplares
Páginas: 228
Acabamento: brochura
Formato: 14 x 21cm

Sob a luz do luar
Um clássico reeditado, agora em nova edição revista
Robson Pinheiro pelo espírito de sua mãe, Everilda Batista

Emoção. Acolher a alma que sofre, decifrar os mistérios da vida além-túmulo, desvendar o desconhecido com os instrumentos do coração. Essa, a missão de uma mãe, de uma mulher que de repente se vê no mundo espiritual, longe de seus filhos e amores. Nos caminhos de uma cidade humana é descoberta a sacerdotisa do passado por trás da moradora de rua, revelam-se os mecanismos de Deus para coibir o abuso de um pregador corrompido, assim como se enaltece o poder da fé genuína, seja sobre o leito, seja numa igreja onde se busca a verdade ou mesmo num casebre de periferia. De ser humano a espírito consciente, viaje junto com Everilda Batista. Edição revista de Caravana de luz.

ISBN: 978-85-87781-35-2
Gênero: romance mediúnico
Anos de lançamento: 2001/2009
Edição atual: 5 | 22 mil exemplares
Páginas: 264
Acabamento: brochura
Formato: 14 x 21cm

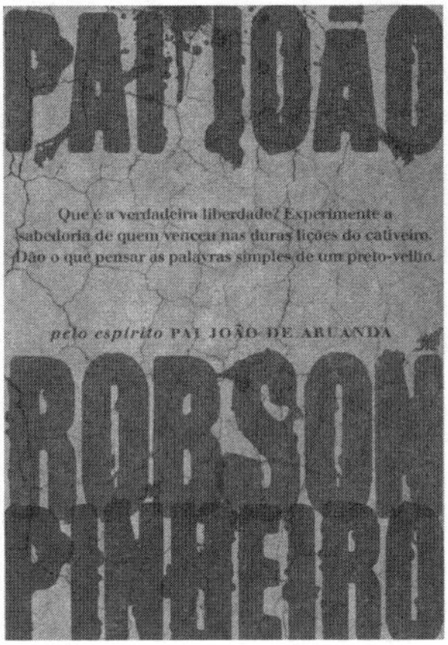

Pai João
Libertação do cativeiro da alma
Robson Pinheiro pelo espírito
Pai João de Aruanda

Sabedoria de preto-velho
Reflexões para a libertação da consciência
Robson Pinheiro pelo espírito
Pai João de Aruanda

O que é a verdadeira liberdade? Decretos e estatutos não legislam sobre o que é de foro íntimo, e é essa liberdade que Pai João discute. Libertar-se de dogmas, medos, preconceitos e da condição de refém dos sentidos e do prazer sensorial. Libertar-se do círculo vicioso de culpa, autopunição e permissividade, em direção à conquista da satisfação interior, que pode ser obtida nas coisas simples do dia a dia, quando se está em sintonia consigo mesmo. Conheça o amor, a sabedoria e a compaixão de um ex-escravo que venceu a si mesmo nas experiências do cativeiro, com a simplicidade de um preto-velho. Edição revista de *Alforria*.

ISBN *Alforria*: 978-85-87781-19-7
ISBN *Pai João*: 978-85-87781-37-6
Gênero: autoconhecimento
Ano de lançamento: 2005/2009
Edição atual: 3 | 30 mil exemplares
Páginas: 256
Acabamento: brochura
Formato: 16 x 23cm

Composto por mensagens e reflexões, *Sabedoria de preto-velho* é escrito no linguajar simples do ancião negro, que partilha a sabedoria adquirida nas experiências do cativeiro. Num bate-papo informal, fala das dificuldades da vida, sem dar lições de moral e com grande otimismo. Ex-senhor de escravos nos EUA, o autor espiritual pede para reencarnar na África e, dos navios negreiros, desembarca em terras brasileiras. Texto enriquecido com cânticos dos escravos, que o médium comenta, elucidando seu significado espiritual, e ilustra com os casos vividos durante os mais de 30 anos de convivência com o espírito.

ISBN 10 edições iniciais: 978-85-87781-12-3
ISBN 11ª edição revista: 978-85-87781-36-9
Gênero: autoconhecimento
Anos de lançamento: 2003/2009
Edição atual: 11 | 39 mil exemplares
Páginas: 187
Acabamento: brochura
Formato: 16 x 23cm

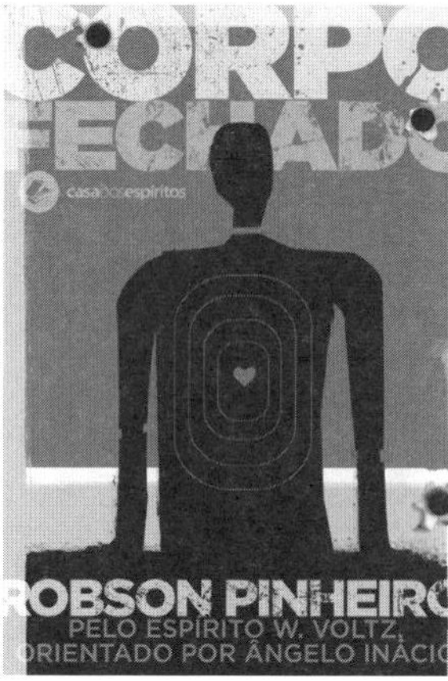

Duas capas diferentes. Inclui CD.

Corpo fechado
Robson Pinheiro, pelo espírito W. Voltz, orientado por Ângelo Inácio

Corpo fechado, corpo aberto. Reza forte, espada-de-são-jorge, mandingas e patuás. Onde está a linha divisória entre verdade e fantasia? Campos de força determinam a segurança energética. Ou será a postura íntima? Diante de tantas indagações, crenças e superstições, Pai João vai devassando o universo interior dos filhos que o procuram em sua tenda, apresentando casos que mostram incoerências na busca por proteção espiritual. Entre candomblés, umbandas e espíritos, os ensinamentos da Aruanda, que transcendem religiões, barreiras e preconceitos.

ISBN: 978-85-87781-34-5
Gênero: romance mediúnico
Ano de lançamento: 2009
Edição atual: 2 | 20 mil exemplares
Páginas: 320
Acabamento: brochura
Formato: 16 x 23cm

Os espíritos em minha vida. Memórias.
Robson Pinheiro, editado por Leonardo Möller

Inclui CD com os espíritos na voz de Robson Pinheiro. O objetivo desta obra não é tão-somente relatar as vivências do autor com os espíritos; mais que isso, é contribuir para a melhor compreensão da dinâmica que rege o relacionamento entre os habitantes dos dois lados da vida. E desse entendimento – quem sabe? – extrair alguma lição, algum proveito para todos nós, porque definitivamente não adianta travar contato com inteligências extrafísicas se permanecemos os mesmos, se esse contato não promove nenhuma mudança que possa marcar, positivamente, nosso existir. E esse é o maior objetivo.

ISBN: 978-85-87781-32-1
Gênero: memórias
Ano de lançamento: 2008
Edição atual: 1 | 10 mil exemplares
Páginas: 416
Acabamento: brochura
Formato: 16 x 23cm

Senhores da escuridão
Robson Pinheiro pelo espírito Ângelo Inácio
Trilogia O Reino das Sombras | Vol.2

Das profundezas extrafísicas do oceano, surge todo um sistema de vida que se opõe às obras da civilização e à política divina anunciada pelo Cordeiro. Cientistas das sombras desenvolvem verdadeiros criadores de espíritos ovóides, que implantam em clones ou cascões astrais para intensificar o domínio sobre as consciências. Seu alvo? Aqueles que se expõem frente às multidões: governantes, políticos e líderes religiosos. Sua ambição? Promover o caos social e ecológico para, em meio às guerras e à poluição, criar condições de os senhores da escuridão emergirem da subcrosta e conduzirem o destino das nações. Os guardiões têm de impedi-los, mas não sem antes investigar detalhadamente a estratégia das trevas. Qual será a sua contribuição neste grave momento planetário?

ISBN: 978-85-87781-31-4
Gênero: romance mediúnico
Ano de lançamento: 2008
Edição atual: 2 | 30 mil exemplares
Páginas: 704
Acabamento: brochura
Formato: 14 x 21cm

Legião
Um olhar sobre o reino das sombras
Robson Pinheiro pelo espírito Ângelo Inácio
Trilogia O Reino das Sombras | Vol.1

"Meu nome é Legião, pois somos muitos." Este livro pretende realizar um esboço da estrutura extrafísica das legiões de seres que se opõem ao Cristo e seus enviados. Organizações, indivíduos, peritos em diversas áreas do conhecimento constituem o vasto mundo do império do mal. Magos negros, cientistas, vampiros e quiumbas, sob o comando dos chamados *dragões*, são alguns desses personagens. Paralelamente, a obra apresenta as atividades dos guardiões em favor do bem. As técnicas modernas das obsessões complexas, com aparelhos parasitas, criações mentais e clones, são alguns dos aspectos abordados com minúcias.

ISBN: 978-85-87781-23-9
Gênero: romance mediúnico
Ano de lançamento: 2006
Edição atual: 8 | 60 mil exemplares
Páginas: 502
Acabamento: brochura
Formato: 14 x 21cm

Aruanda
Magia negra, elementais, pretos-velhos e caboclos sob a ótica espírita
Robson Pinheiro pelo espírito Ângelo Inácio

Após as repercussões de *Tambores de Angola*, o repórter do Além, Ângelo Inácio, prossegue seus relatos. Da colônia espiritual que habita, parte em direção à Crosta na companhia de pretos-velhos, caboclos e guardiões. Explora assuntos controversos, tais como magia negra e feitiçaria, seus mecanismos de ação e suas conseqüências; elementais, os *espíritos da natureza* a que se refere Kardec, e sua atuação nas reuniões mediúnicas. A visita a um laboratório das trevas e a obsessão complexa, com aparelhos parasitas e campos magnéticos, e os trabalhos práticos de apometria. Descubra os segredos de *Aruanda*.

ISBN: 978-85-87781-14-7
Gênero: romance mediúnico
Ano de lançamento: 2004
Edição atual: 13 | 76 mil exemplares
Páginas: 280
Acabamento: brochura
Formato: 14 x 21cm

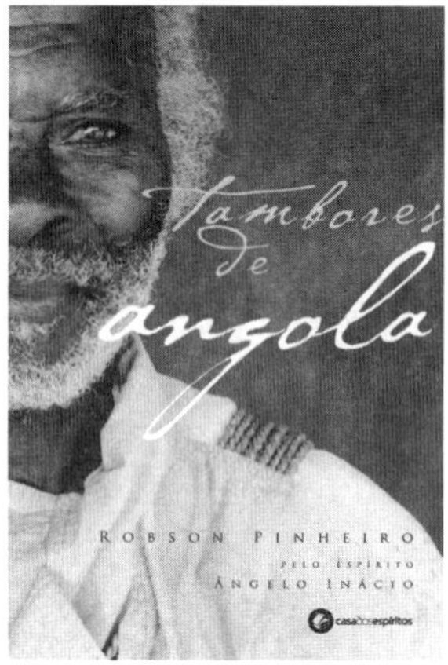

Tambores de Angola
A origem histórica da umbanda e do espiritismo
Robson Pinheiro pelo espírito Ângelo Inácio

Av. Paulista, hora do *rush*. Com a cabeça a rodopiar, Erasmino sente lhe faltar o chão ao sair do trabalho. Avança sobre bebidas e mulheres, agravando a insônia e a tonteira; passa a ouvir vozes e grunhidos. É um caso de obsessão. Em busca da cura, visita uma tenda de umbanda, onde o medo e o preconceito o paralisam. Ao entender que umbanda é lei de caridade, aprende a respeitar pretos-velhos e caboclos. Porém, é no trabalho espírita que se restabelece, pois nunca apreciou defumações, velas e gongás. Será? Conheça a origem histórica e as diferenças entre umbanda e espiritismo, vistas com profundo respeito.

ISBN: 978-85-87781-21-5
Gênero: romance mediúnico
Anos de lançamento: 1998/2006
Edição atual: 22 | 131 mil exemplares
Páginas: 256
Acabamento: brochura
Formato: 14 x 21cm

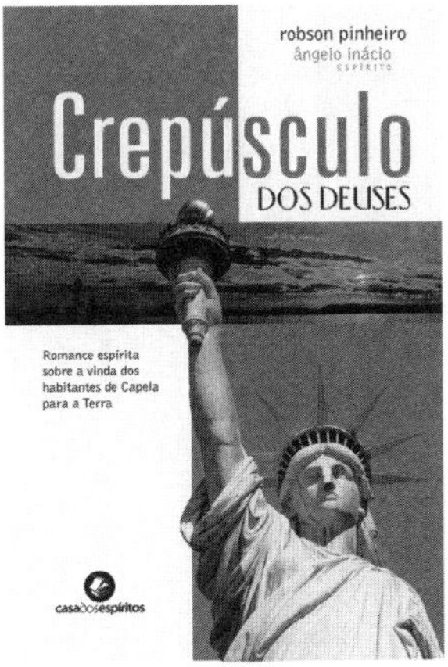

Duas capas diferentes

Crepúsculo dos deuses
Um romance histórico sobre a vinda dos habitantes de Capela para a Terra
Robson Pinheiro pelo espírito Ângelo Inácio

11 de setembro de 2001: conheça as origens espirituais do atentado às Torres Gêmeas, em Nova Iorque. O episódio foi apenas um sinal; os eventos sociais, políticos e econômicos da atualidade guardam estreitas relações com algo que ocorreu há milhões de anos, em outros mundos. Momentos decisivos estão sendo vividos pelos habitantes da Terra. Do espaço, os irmãos das estrelas observam os lances da história planetária. No romance, CIA, FBI, ações terroristas e espionagem industrial; a saga dos dragões, espíritos sombrios exilados de Capela. Ação e aventura na medida certa.

ISBN: 978-85-87781-10-9
Gênero: romance mediúnico
Ano de lançamento: 2002
Edição atual: 6 | 20 mil exemplares
Páginas: 293
Acabamento: brochura
Formato: 16 x 23cm

Energia
Novas dimensões da bioenergética humana
Robson Pinheiro, sob orientação dos espíritos Joseph Gleber e André Luiz

Numa linguagem clara e direta, o médium Robson Pinheiro faz uso de sua experiência de mais de 25 anos como terapeuta holístico para ampliar a visão acerca da saúde plena, necessariamente associada ao conhecimento da realidade energética. Fruto de estudos na dimensão extrafísica, sob a orientação dos espíritos Joseph Gleber e André Luiz, a obra explica que saber tirar o máximo proveito das fontes da natureza e das terapias holísticas, refletir sobre a transformação íntima e respeitar a essência energética humana e planetária são atitudes fundamentais para quem busca conquistar a saúde integral e mais qualidade de vida.

ISBN: 978-85-99818-02-2
Gênero: saúde e mediunidade
Ano de lançamento: 2008
Edição atual: 2 | 13 mil exemplares
Páginas: 236
Acabamento: brochura
Formato: 16 x 23cm

Responsabilidade Social

A Casa dos Espíritos nasceu, na verdade, como um braço da Sociedade Espírita Everilda Batista, instituição beneficente situada em Contagem, MG. Alicerçada nos fundamentos da doutrina espírita, expostos nos livros de Allan Kardec, a Casa de Everilda sempre teve seu foco na divulgação das idéias espíritas, apresentando-as como caminho para libertar a consciência e promover o ser humano. Romper preconceitos e tabus, renovando e transformando a visão da vida: eis a missão que a cumpre com cursos de estudo do espiritismo, palestras, tratamentos espirituais e diversas atividades, todas gratuitas e voltadas para o amparo da comunidade. Eis também os princípios que definem a linha editorial da Casa dos Espíritos. É por isso que, para nós, responsabilidade social não é uma iniciativa isolada, mas um compromisso crucial, que está no DNA da empresa. Hoje, ambas instituições integram, juntamente com o Instituto Educacional e Social Everilda Batista, o projeto denominado Universidade do Espírito, voltado para a educação em bases espirituais *[www.everildabatista.org.br]*.

Faça seu cadastro

Faça seu cadastro com a Casa dos Espíritos e fique por dentro de nosso trabalho. Você ficará informado acerca dos últimos lançamentos, promoções e eventos da Editora, acompanhará a agenda do médium Robson Pinheiro e muito mais.

Basta preencher este formulário e enviá-lo por fax ou correio. Se preferir, acesse www.casadosespiritos.com.br e cadastre-se em nosso site.

Aproveite este espaço para também sugerir, dar toques e apontar caminhos. Vale até reclamar – ou fazer um elogio! Sua opinião é essencial para nós.

Nome ______________________________

Endereço ______________________________

Bairro ______________ Cidade ______________

Estado ____ CEP ______________ País ____________

Tel ______________ data nascimento ____________

e-mail ______________________________

ALTOS PLANOS

casadosespíritos

Qual(is) obra(s) da editora Casa dos Espíritos você já leu?

Qual a sua avaliação do livro que acabou de ler?

☐ Excelente ☐ Muito bom ☐ Bom ☐ Regular ☐ Ruim

Por quê?

Você é espírita? ☐ Sim ☐ Não

Freqüenta alguma instituição? ☐ Sim ☐ Não

Se quiser cadastrá-la, anote aqui os dados da instituição:

O espaço é seu!

(Ou mande e-mail para: editora@casadosespiritos.com.br, ou uma folha à parte)

AltosPlanos

casadosespíritos

Rua Floriano Peixoto, 438 | Contagem | MG | 32140-580 | Brasil

Tel (31) 3304 8300 Fax (31) 3304 8320 | editora@casadosespiritos.com.br

www.casadosespiritos.com.br